위기를 기회로 바꾸는 생각습관

판을 읽어라

바둑으로 세상의 판을 읽어라!

1. 패러다임을 전환하라
2. 패턴을 읽어라
3. 시야를 넓혀라
4. 나를 돌아보라

나를 혁신하는 가장 좋은 도구는 바둑이다.
바둑을 통해 다음 수를 읽는 안목을 기르자.

위기를 기회로 바꾸는 생각습관

판을 읽어라

신봉호, 박장희 공저

나를
바꾸면
세상이
바뀐다

국일미디어

어릴 때부터 바둑에 전념해야 했던 저는 학교 교육을 정상적으로 소화하기가 힘들었습니다. 결국, 중간에 학업을 그만둬야 했고, 아버지는 걱정하지 말라며 이렇게 말씀하셨습니다. "어느 분야든 최고의 경지에 이르면 모두 하나로 통하게 돼 있다." 바둑으로 최고에 오르면 학교 교육을 통하지 않고도 삶의 이치와 지혜를 충분히 얻을 수 있다는 뜻이었습니다.

그리고 지금에 이르러 저는 아버지의 그 말씀이 옳았음을 느낍니다. 바둑판 위에는 또 다른 삶이 있고, 그 삶을 통해 현실에서와 마찬가지로 끊임없이 많은 것을 느끼고 배우고 극복하고 창조할 수 있었습니다.

사람들은 제 바둑을 가리켜 '천재적', '창의적'이라 표현합니다. 하지만 저는 스스로를 천재라고 여기지 않습니다. 만약 다른 사람들 눈에 천재처럼 비치는 부분이 있다면 그것은 바둑을 통해 발현된 천재성이 아닐까 싶습니다.

육지에서 한참 떨어진 섬마을 비금도는 바둑을 익히고 훈련하기에 아주 열악한 곳일 수도 있지만, 제게는 오히려 아무런 얽매임 없이 자유로운 사고의 나래를 마음껏 펼칠 수 있는 천혜의 환경이었습니다. 그리고 그런 자유로운 사고를 마음껏 시험하고 키워나갈 수 있는 무대가 되어준 바둑을 만난 것은 제게 커다란 행운이자 축복이었습니다.

과연 제가 비금도에서 바둑이 아닌 다른 것을 했다면 지금 이 자리에 서 있었을 수 있을지 의문이 듭니다. 바둑이야말로 제게는 자유로운 기질을 마음껏 발현하고 발전시켜나갈 수 있는 최적의 파트너였습니다.

이 책에서 저자는 창의와 혁신의 사고를 배우고 훈련할 수 있는 매개로서 바둑의 가치를 강조하고 있습니다. 그동안 바둑은 두뇌 발달, 집중력 향상, 인생의 지혜 습득 등의 효용이 두드러졌지만, 이 책에서는 한발 더 나아가 바둑이 사고의 전환과 발달, 즉 창조적이고 혁신적인 사고를 배우고 발전시키는 유용한 도구임을 다양한 사례를 들어 설명하고 있습니다.

창조와 혁신의 사고를 키워나가는 방법으로 저자는 패러다임의 전환을 비롯해 패턴 인식 및 창조, 넓은 시야로 큰 그림 그리기, 피드백 분석 등 크게 네 가지를 제시하고 있습니다. 그리고 바둑을 활용해 이 네 가지를 충분히 연습할 수 있다고 말하는데, 저 역시 저자의 생각에 십분 공감합니다.

"고정관념을 버려야 패러다임의 전환이 가능하다"는 책 속의 표현처럼 바둑에서는 고정된 사고로는 최선의 수를 찾아낼 수 없습니다. 지난 알파고와의 대국에서도 알파고는 인간의 사고를 뛰어넘는 참신한 발상을 보여주곤 했는데, 프로기사들조차 기존의 수를 다시 평가해야 할 정도로 패러다임 변화의 필요성을 느끼고 있습니다.

같은 장면에서도 최선의 수는 언제든 달라질 수 있습니다. 그래서 바둑을 둘 때는 항상 열린 시각으로 수를 읽고 새로운 것을 받아들이면서 지속해서 패러다임을 바꿔야 퇴보하지 않고 실력을 향상할 수 있습니다.

또한, 바둑은 우주에 있는 원자의 수보다도 많은 경우의 수를 가지고 있을 정도로 천변만화의 오묘함을 보여줍니다. 따라서 무한한 수의 미로에서 헤매지 않고 제한된 시간 내에 좋은 수를 찾아내기 위해서는 나름의 규칙과 체계를 함축한 패턴을 찾아낼 수 있어야 합니다. 나아가 자신만의 독특한 시각과 사고로 새로운 패턴을 창조해내는 데까지 나아갈 수 있어야 상대와 구별되는 자신만의 강점과 경쟁력을 갖출 수 있습니다.

초등학교 2학년 때 전국의 초등학생들이 모인 대회에서 우승을 차지하며 큰 기대를 모았던 저는 1995년, 13살에 프로가 된 이후 한동안은 별다른 두각을 드러내지 못했습니다. 당시에는 그저 한 판 한 판, 이기고 지는 것에 집착할 뿐 특별한 목표가 없었고 자연히 성적도 지지부진했는데 3년 후 아버지의 갑작스러운 별세에 문득 정신을 차렸습니다. 생전 막내아들이 타이틀 따는 것을 보고 싶어 하던 아버지의 소망을 상기하며 이를 악물고 구체적이고 확실한 목표를 세워나갔습니다. 눈앞의 승패가 아닌 장기적인 목표를 향해 착실히 매진하면서 절로 성적도 좋아졌고 아버지께서 간절히 바라시던 우승컵도 하나둘 따냈습니다. 한판의 바둑을 둘 때도 부분적인 이득에 집착해 전체적인 국면을 그르치는 경우가 많듯이, 목표를 향해 나가는 과정에서도 눈앞의 사소한 문제에 정신이 팔려 큰 그림을 놓치면 성공할 수 없음을 바둑을 통해 뼈저리게 느꼈습니다.

마지막으로 바둑을 두면서 제가 가장 좋아하고 중요시하는 것은 바로 '복기'입니다. 복기를 통해 함께 한 대국자와 지나온 과정을 돌아보고 점검할 수 있는 '피드백' 과정이야말로 제 바둑을 끊임없이 채찍질하고 발전시킬 수 있는 원동력이었습니다.

복기를 통해 내가 무엇을 잘못했는지를 명확히 깨달아야만 똑같은 잘못을 반복하지 않고 더 발전적인 방향으로 나아갈 수 있기 때문입니다.

　제가 바둑을 통해 창조와 혁신의 사고를 끊임없이 단련해왔듯이 이 책의 독자들도 바둑의 가치를 재발견하고 바둑을 통해 창조적이고 혁신적인 사고를 계발해나가기를 진심으로 응원하고 기대합니다.

－ 이세돌

누구나 달에 갈 수 있다

"우리는 달에 착륙했다." 2016년 3월 9일, '구글 딥마인드 챌린지 매치' 5번기 제1국에서 인공지능 바둑 프로그램 알파고 AlphaGo가 예상을 깨고 인류 최고 바둑기사 이세돌 9단에게 승리하자, 알파고를 개발한 구글 딥마인드의 데미스 하사비스는 자신의 트위터에 이렇게 글을 남겼다.

우리는 시대의 경계를 넘어섰다. 산업시대의 경계를 넘어 지식시대로 깊숙이 들어섰다. 산업시대가 지식시대로 바뀌면서 부와 성공의 원천도 토지와 자본에서 창조와 혁신으로 바뀌었다. 스티브 잡스나 엘론 머스크의 창조 신화, 마윈의 성공 신화는 이를 증명한다. 이들 가운데 누구도 거대한 토지나 막대한 자본을 부모로부터 물려받지 않았다. 이들은 창조적 생각으로 성공한 사람들이다. 생각 대결에서 승리했다. 이것은 분명 산업시대에 볼 수 없었던, 새로운 방식에 의한 부의 창조다. 앞으로 알파고와 같은 인공지능은 창조와 판단의 세계에 자신의 영역을 확장해 나갈 것이다. 알파고 신드롬 이후의 세상이 어떤 모습으로 펼쳐질지는 아직 미지수다. 다만 창조와 혁신의 세계만이 인간의 몫이 될 것이라는 게 분명하다. 고도의 창조와 혁신을 실행한 사람만이 성공 신화를 만들어낼 수 있을 것이다.

이 책은 창조와 혁신을 불러올 생각 방식에 관한 것으로, 크게 두 가지에 중점을 두고 서술했다. 창조와 혁신은 '천재의 섬광'이 아니라 누구나 배우고 훈련할 수 있다고 확신하며, 창조와 혁신을 위한 생각 방식을 매뉴얼로 제시했다. 천재와 영웅의 사례 속에서 창조와 혁신의 매뉴얼을 찾았다. 그리고 바둑으로 누구나 창조와 혁신을 위한 생각 방식을 연습하고 배울 수 있음을 피력하였다.

알파고는 이 책의 관점이 옳다는 것을 증명했다. 알파고는 창조력과 판단력, 직관이 '배울 수 있는' 역량임을 드러냈다. 창조력의 본질이 경험이고 패턴임을 확연히 밝혔다. 또한, 알파고는 '바둑의 생각 방식'을 배워 인공지능이 창조를 이루어낼 수 있음을 보여주었다.

창조성을 발휘하고 혁신적 생각을 한다는 것은 '무엇을' 생각하느냐의 문제가 아니라 '어떻게' 생각하느냐의 문제이다. 새로운 눈으로 세상을 보면 세상의 새로운 창이 열린다는 것이 창조와 혁신의 본질이기 때문이다. 창조와 혁신에 성공한 천재와 영웅들의 사례에서 창조와 혁신의 생각 도구를 네 가지로 보았다. 그것은 패러다임의 전환 역량, 패턴을 인식하고 새로운 패턴을 창조하는 능력, 넓은 시야를 가지고 전체와 부분을 연결할 수 있는 역량, 피드백 역량이다.

책이나 강의를 통해서 창조를 위한 생각 방법을 이해하고 익힌다고 해도 현실에서 실행하고 적용하기는 쉽지 않다. 그 이유는 그 생각 방법을 반복적으로 사용하면서 연습해볼 수 없기 때문이다. 현실에 적용할 수 없는 생각 방법은 무의미하다. 그래서 나는 창조적 생각 방식을 어떻게 훈련할 수 있을까 고민했다. 네 가지 생각 도구를 누구나 쉽게 반복해서 훈련할 방법이 무엇일까 고심 끝에 바둑이 딱 맞는다는 결론에 이르렀다. 바둑을 통하면, 창조적 생각 방식을 반복해서 경험하고 연습할 수 있다. 이것은 볼테르와 루소가 정리한 백과사전의 아이디어와 같다. 볼테르와 루소는 어떤 기술로 물건을 만드는 원리를 백과사전에 정리하면서, 이 원리는 다른 분야에도 적용되고 응용될 수 있다고 설명하였다. 마찬가지로 바둑이라는 별개의 공간에서 창조와 혁신을 위한 생각 도구를 연습하고 배우면 다른 분야에서도 창조적 생각을 이해하고 실행할 수 있다. 바둑은 패러다임 전환을 익히고, 패턴 인식과 창조 방식을 배우기에 아주 적격이다. 큰 시야를 가지고 전체와 부분을 아우를 수 있으며, 피드백을 배울 수 있는 최고의 생각 도구다.

바둑은 2,500여 년의 역사를 가진 생각 게임이다. 지금까지 바둑은 가치창조 도구의 역할을 하지 못했다. 사람마다 바둑에 대한 생각은 다르다. 중국 당唐 때 바둑은 거문고, 서예, 그림과 함께 군자가 갖추어야 할 예능과목 가운데 하나로 존중되었다. 현대에는 바둑을 승부를 겨루는 스포츠로, 혹은 단순히 여가를 즐기는 놀이로 여긴다. 바둑은 높게 평가되어야 교양과목, 마음을 닦고 인생의 지혜를 깨치는 도구 정도였다. 지금껏 바둑은 세상의 가치나 부를 창출하는 도구가 아니었다. 바둑은 창조능력, 혁신능력, 자신이 원하는 해결책을 찾는 능력과 무관했다. 바둑에서 터득한 생각 방식을 다른 분야에 적용할 수 있음을 이해하지 못했기 때문이다.

그러나 창조와 혁신을 요구하는 이 시대 그리고 미래에 바둑은 창조적 생각 방식을 연습하고 익힐 수 있는, 최고의 생각도구다. 바둑의 생각 방식을 익히면 누구나 달에 착륙할 수 있다. 알파고가 이룬 지능혁명을 누구나 이룰 수 있다. 바둑의 생각

방식을 체화하면 우리는 창조적인 사람이 될 수 있다. 이 책이 각 분야에서 성공하고자 열망하는 사람들, 혁신적 기업가가 되고자 갈구하는 사람들, 창의적인 인물이 되기를 꿈꾸는 청소년들에게 매뉴얼이 될 수 있기를 바란다. 성과 높은 창조와 혁신적 생각의 디딤돌이 될 수 있기를 기대한다.

'바둑이 창조와 혁신적 생각의 훈련 도구로서 딱 맞다'는 우리의 설익은 아이디어를 책으로 쓸 수 있도록 많은 시간 함께 토론하고 바둑의 비전을 함께 고민한 박치문 한국기원 부총재, 서대원 전 헝가리 대사, 조선일보 이홍렬 바둑전문 기자, 신병식 전 SBS 논설위원 등을 비롯하여 〈바둑포럼〉 회원 모든 분께 감사드린다. 그리고 이 책의 필요성에 공감하고 응원해 준, 인류 최고 바둑 기사이자 인간대표인 이세돌 9단께 큰 고마움을 표한다.

나름대로 많은 시간과 열정을 쏟았다. 부족한 점은 앞으로 수정·보완해 나갈 것이다. 많은 분의 질책과 조언을 바란다.

– 신봉호·박장희

목차

추천사　4

저자의 글　9

CHAPTER 01
패러다임을 전환하라

01 결과를 바꾸는 패러다임의 힘

생각의 차이가 운명을 가른다 22 | 고착된 생각은 위험하다 24 | 기업의 운명을 뒤집어 놓은 패러다임 26 | 어디서 보는가 28 | 누구를 중심으로 보는가 30 | 꼴찌가 일등이 되는 창조 패러다임 32 | 패러다임을 만드는 경험 34

02 패러다임 전환의 위력

새 술은 새 부대에 39 | 다른 각도에서 바라보기 41 | 문제 해결의 실마리가 되는 패러다임 전환 42 | 종이 한 장의 차이를 만드는 것 44 | 공유의 비극을 공유의 행복으로 45 | 역사에서 배우는 패러다임 전환의 힘 48

03 패러다임 전환을 위한 생각습관

나를 바꾸면 모든 것을 바꿀 수 있다 52 | 결과를 예측하고 성과를 생각한다 54 | 자기 생각을 현실에서 성과로 검증한다 56 | 가장 중요한 것이 무엇인지 확인한다 58

04 바둑, 패러다임 전환의 연습 도구

바둑은 생각 대결 게임이다 62 | 낡은 생각의 틀을 벗어나라 64 | 승리를 위해 최선의 수를 찾는다 67 | 고정관념을 뛰어넘어라 70 | 새로운 패러다임은 새로운 시대를 연다 75

CHAPTER 02
패턴을 읽어라

01 왜 패턴이 중요한가

패턴은 미래를 예측하는 힘 84 | 핵심은 패턴이다 85 | 삶의 패턴을 읽어 지혜를 얻는다 86 | 새로운 패턴 창조로 혁신을 꿈꾼다 87

02 패턴 창조의 위력

성공과 실패를 가르는 패턴 90 | 패턴에서 새로운 아이디어가 나온다 92 | 패턴을 파악하면 실마리가 보인다 94 | 비즈니스에서도 패턴이 활용된다 98 | 패턴으로 읽는 메가 트랜드 100 | 부를 가져다주는 패턴 102 | 인공지능의 핵심 원리 105

03 패턴 창조를 위한 방법

관찰을 통한 패턴 창조 107 | 연결을 통한 패턴 창조 110 | 유추를 통한 패턴 창조 112 | 반증을 통한 패턴 창조 114

04 바둑, 패턴 인식과 창조의 연습 도구

바둑에서는 무한한 패턴 창조가 이루어진다 120 | 바둑에서 배우는 관찰을 통한 패턴 인식 123 | 바둑에서 배우는 연결을 통한 패턴 창조 125 | 바둑에서 배우는 유추를 통한 패턴 창조 126 | 바둑에서 배우는 반증을 통한 패턴 창조 130

CHAPTER 03
시야를 넓혀라

01 넓게 보고 멀리 보자

나무와 숲을 연결해 생각하라 137 | 큰 그림 속에서 목표를 정하라 142 | 전체의 관점에서 내가 할 일은 무엇인가 145 | 좁은 시야는 위기를 부른다 147

02 넓은 시야의 위력

넓게 보면 출구가 보인다 150 | 시야가 좁으면 현재에 갇힌다 151 | 넓은 시야로 봐야 기회가 생긴다 154

03 넓은 시야를 갖는 방법

부분과 전체를 연결하라 157 | 미래를 내다보라 159 | 큰 그림을 그려라 162 | 고정관념을 깨뜨려라 165 | 남과 다르게 생각하라 168 |

04 바둑을 두면 시야가 넓어진다

바둑은 큰 시야로 전체를 보는 게임이다 173 | 바둑은 미래를 내다보는 게임이다 175 | 바둑은 가치 창조 게임이다 177 | 바둑은 새로운 시도를 하는 게임이다 179

CHAPTER 04
나를 돌아보라

01 나를 돌아보는 피드백

강점과 약점을 파악하라 188 | 나를 돌아보면 보이지 않던 잘못이 보인다 190 |
피드백을 직시하면 변화에 적응하는 능력이 생긴다 191

02 피드백의 위력

실패를 분석해 미래를 바꾼다 194 | 실패에서 성공 기회를 찾아낸다 197 | 같은
실수를 되풀이하지 않는다 199 | 토론으로 문제해결능력을 높인다 200

03 피드백의 위력을 얻는 방법

정기적으로 피드백을 분석한다 205 | 잘 되는 것에 집중하고 강점을 파악한다
208 | 실패에서 배운다 210 | 실패는 성공의 디딤돌 212 | 실패를 두려워하지 않
고 도전한다 214 | 대화와 토론으로 검증한다 216

04 피드백의 위력을 깨치는 도구 바둑

새로운 선택과 새로운 실험 220 | 실패에서 배운다 222 | 피드백 분석방식을 알
려주는 바둑 223 | 토론의 위력을 알게 된다 226

참고문헌 229

패러다임을
전환하라

생각의 씨앗은 행동이란 열매가 되고,
행동의 씨앗은 습관이란 열매가 된다.
습관의 씨앗은 품성이란 열매가 되며,
품성의 씨앗은 운명이란 열매가 된다.
- 서양 격언

결과를 바꾸는
패러다임의 힘

"인생은 우리가 하루 동안 하는 생각으로 만들어진다."

미국의 철학자이자 시인인 랄프 왈도 에머슨Ralph Waldo Emerson의 말이다. 우리 안에 들어 있는 생각의 씨앗이 행동, 습관, 품성을 만들고 결국 운명을 결정짓는다는 뜻이다. 말하자면 생각이 우리 삶에서 가장 핵심이라는 것인데, 정말 그럴까?

생각의 차이가 운명을 가른다

조 지라드Joe Girard는 12년 연속 기네스북에 '세계 최고의 세일즈맨'으로 오른 인물이다. 그는 미국 디트로이트 동부지역의 빈민가에서 나고 자랐다. 그의 아버지는 이탈리아 시칠리아 출신 이민자였는데 미국에서 변변한 직업을 구하지 못했다. 그래서 지라드는 8세 때부터 구두닦이, 신문팔이 등을 하며 스스로 돈을 벌어야 했다. 고등학교도 마치지 못한 그는 여러 직업을 전전했지만 늘 가난에 허덕였다. 그러다 수입이 괜찮은 사업을 시작해 빛이 보이나 싶었더니, 겨우 생활이 나아질 즈음 파산하고 말았다. "35세까지 나는 세상에서 가장 실패한 낙오자였다"라는 그의 말대로 그의 삶은 암울했다.

파산으로 아이들과 아내를 굶길 처지에 놓인 조 지라드는 자동차 세일즈를 시작했다. 당장 돈을 벌지 않으면 생계가 어려운 상황이라 절박한 심정이었기에, 고객을 얻기 위해 전화번호부 책에 적힌 번호로 무작정 전화를 거는 등 열심히 일했다. 동료 영업자들과 수다를 떠는 데 시간을 낭비하지 않고 그 시간에 고객을 만들고 관리하는 데 신경 썼다. 그 결과 꽤 괜찮은 실적을 올릴 수 있었고, 더는 가족의 굶주림을 걱정하지 않아도 되었다. 그러나 딱 거기까지, 그 이상은 아니었다.

고만고만한 세일즈맨이었던 조 지라드를 세계 최고의 판매왕으로 만든 건 하나의 생각이었다. 어느 날 그는 친구 어머니의 장례식에 가게 되었다. 장례식이 시작되기 전 고인의 이름과 사진이 인쇄된 미사카드를 받았는데, 문득 의문이 들었다. '손님이 얼마나 올지 정확하지도 않은데 카드를 얼마나 인쇄할지 어떻게 정할까?' 그는 궁금증을 참지 못하고 장의사에게 직접 가서 물었다. 대답은 간단했다. 장례식에는 대부분 약 250명 정도의 사람이 참석한다는 것이었다. 경험에서 나온 숫자였다. 그리고 얼마가 지났을까. 이번에는 결혼식에 가게 되었다. 지라드는 결혼식에서도 하객이 보통 얼마나 되는지 알아보았다. 놀랍게도 하객 수는 신랑, 신부 측 각각 평균 250명 정도였다.

'아하, 250명! 사람은 누구나 250명 정도의 가까운 사람을 두고 있구나.' 이 생각을 바탕으로 그는 '지라드 250의 법칙'을 만들었다. 한 사람을 1명이 아니라 250명으로 여기고 행동한다는 법칙이었다. 그는 자기가 정한 이 법칙에 따라 누구에게나 최선을 다했다. 고객은 물론 하루를 살면서 오가다 만나는 모든 사람에게 자신의 직업을 알리고 좋은 이미지를 심었다. 식사하러 식당에 가서도 웨이터와 웨이트리스에게 조금 많은 팁과 함께 명함을 주었다.

그리고 저녁이 되면 그는 하루 동안의 모든 만남을 하나하나 되짚어보며 분석하고 반성했다. 모든 사람을 잠재적 고객으로 여기는 그의 행동은 그렇게 습관이 되었다. '지라드 250의 법칙'은 그를 친절하고 믿을 수 있는 사람으로 만들었다. 한 번 고객은 그의 영원한 고객이 되었고, 이 고객은 또 자신의 주변 사람들에게 조 지라드를 칭찬하며 소개했다. '한 사람은 1명이 아니라 250명'이라는 생각이, 그저 그런 세일즈맨이었던 그를 품성이 좋은 세계 최고의 판매왕으로 만든 것이다.

고착된 생각은 위험하다

조 지라드의 사례처럼 훌륭한 생각은 인생을 성공으로 이끈다. 반면 잘못된 생각이 고착되면 승승장구하던 형세에도 끝이 온다.

미국의 의류업체인 아베크롬비&피치의 전 CEO 마이크 제프리스Michael Stanton Jeffries는 '몸매가 날씬하고 멋진 20~30대 젊은이에게 어울리는 옷'을 지향하며 섹슈얼 마케팅에 집중했다. 반쯤 벗은 모델을 내세우고, 매장 판매원도 상의를 벗고 손님을 응대하게 하는 등 노출 마케팅으로 아베크롬비&피치의 섹시 이미지를 구축했다. 물론 논란이 많았지만, 젊은이들에게는 인기를 얻어 아베크롬비&피치의 매출은 나날이 늘어났다. 이에 힘입어 2010년 마이크 제프리스는 미국 CEO 연봉 순위 10위에 올랐고, 아베크롬비&피치의 황제로 불렸다.

하지만 이런 승승장구도 잠깐이었다. 제프리스는 "뚱뚱한 고객이 들어오면 물이 흐려지기 때문에 엑스라지XL 이상의 여성 옷은 안 판다"와 같은 외모차별 발언을 공공연하게 해 많은 비판을 받기 시작했다. 이에 할리우드 배우 크리스티 앨리를 비롯하여 많은 여성이 불매운동을 벌이기도 했다. 그래도 마이크 제프리스는 눈 하나 깜빡하지 않았다. "아베크롬비&피치는 백인을 위한 브랜드다", "아시아와 아프리카에는 절대 입점하지 않는다" 등 인종차별 발언까지 서슴지 않았다. 또 2005년 직원채용 과정에서 인종과 외모에 차별을 둔 것이 밝혀져 5,000만 달러의 배상금을 물기도 했지만, 마이크 제프리스는 생각을 바꾸려 하지 않았다. 그러다가 실적 부진이 계속되자 마지못해 아시아의 큰 도시인 서울과 홍콩 등지에 매장을 열었지만 이미 고객은 돌아선 후였다.

계속해서 매출이 급감하자 아베크롬비&피치 이사회는 마이크 제프리스에게 퇴진을 요구했다. 22년간 회사를 이끌던 마이크 제프리스는 결국 2014년 불명예스럽게 아베크롬비&피치를 떠나야 했다.

기업의 운명을 뒤집어놓은 패러다임

개인의 생각이 개인의 운명을 결정하듯 기업의 생각은 기업의 운명을 결정한다. 애플 컴퓨터의 스티브 잡스Steve Jobs와 스티브 워즈니악Steve Wozniak은 이십 대에 애플Ⅱ라는 퍼스널컴퓨터를 만들었다. 이것은 오늘날의 세계적인 기업 애플이 만들어진 계기였을 뿐 아니라 PC 산업을 탄생시킨 시발점이었다.

사실 애플Ⅱ의 회로기판과 운영 소프트웨어를 개발한 당시 워즈니악은 한국에도 잘 알려진 기업 HP휴렛 패커드의 직원이었다. 그래서 워즈니악은 자신이 개인적으로 설계한 퍼스널컴퓨터를 HP 측에 먼저 선보였다. 그게 윤리적으로 옳다고 생각해서였다. 그러나 HP는 '컴퓨터광이 취미로나 만들 만한 물건에 불과하다'며 상품으로 개발할 뜻이 없음을 밝혔다. 지금 와서 생각해보면 HP는 잘못된 생각으로 PC 업계 선점 기회를 놓친 것이다.

그 당시에도 컴퓨터가 전기처럼 곧 사람들 생활에 절대적 영향을 끼칠 것이라는 전망이 지배적이기는 했다. 그러나 그때 당시 사람들이 그렸던 미래의 컴퓨터는 개개인의 생활을 돕는 퍼스널컴퓨터가 아니라 정보 시스템 구축의 중심인 대형 고속 컴퓨터였다. 그러니 HP가 잘못된 판단을 한 것도 무리는 아니다.

또 다른 대표적인 예가 복사기 회사 제록스의 오판이다. 제록스는 세계 최초로 퍼스널컴퓨터를 만들었지만, 현재 우리가 이용하는 유저 인터페이스와 마우스 방식 등의 기술을 애플에 넘겨주는 오류를 범했다. "도대체 이 기술을 왜 상업화하지 않느냐? 당신들에게 엄청난 부를 가져다줄 텐데 왜 활용하지 않느냐?"라는 잡스의 외침에도 콧방귀를 뀌고 말이다. 결국, 제록스도 PC 업계로 진출하지 못했다.

하지만 IBM은 달랐다. 애플Ⅱ에 대한 대중의 반응을 보며, 퍼스널컴퓨터가 미래의 한 축이 될 것으로 생각했다. 그래서 대형 고속 컴퓨터 개발과는 별도로 퍼스널컴퓨터 개발을 시작했다. 그리고 몇 년 뒤 IBM은 세계 최대의 PC 제조업체가 되었다. IBM과 제록스, HP는 컴퓨터의 미래에 대한 생각이 달랐고, 이로 인해 회사의 운명이 갈렸다.

운명을 결정하는 데 생각이 중요한 요소로 작용한다. 생각은 사람마다 다르다. 사람마다 생각하는 방식이 다르기 때문이다. 생각하는 방식이 다르다는 것은 세상을 바라보는 관점, 미래를 보는 관점이 다르다는 뜻이다.

생각하는 방식, 세상을 바라보는 방식을 아울러 패러다임이라고 한다. 패러다임이 바뀌면 세상이 다르게 보인다. 똑같은 산이라도 산꼭대기에서 보는 것과 산 능선에서 보는 것이 다르다. 또, 지층을 연구하는 지질학자가 생각하는 산과 식물학자가 생각하는 산이 다르다. 이처럼 어디서 바라보는지, 어느 쪽을 바라보는지, 어떤 목적으로 바라보는지에 따라 사물은 다르게 보인다. 사물이 달리 보이면 생각이 달라진다. 패러다임이 달라지면 똑같은 사물을 보고도 패러다임이 바뀌기 이전과 전혀 다른 생각을 할 수 있게 된다.

어디서 보는가

오랜 옛날 인류는 땅은 움직이지 않고 하늘이 돈다고 생각했다. 그 패러다임에 철학적 해석을 입히고, 신학적 권위를 더해 만들어진 것이 '천동설'이다. 지구를 중심으로 태양과 행성이 돈다고 본 것이다.

그러나 천동설로는 다른 행성들의 움직임과 주기를 명확히 설명해낼 수 없었기에, 지구 중심 패러다임에 의문을 갖는 천문학자들이 생겨났다. 그리고 16세기에 이르러 니콜라우스 코페르니쿠스Nicolaus Copernicus가 '지동설'을 주장했다. 태양이 우주의 중심이며 지구가 태양 주위를 돈다는 것이었다.

이 새로운 패러다임에 대한 교회 및 지배층의 분노는 어마어마했다. 그러나 갈릴레이 갈릴레오Galileo Galilei가 지동설로 재판을 받고 나오며 "그래도 지구는 돈다"고 혼잣말을 했다는 일화처럼 이 새로운 패러다임은 거스를 수 없는 것이었다.

태양 중심의 패러다임은 세상을 신 중심에서 인간 중심으로 바꾸어놓았다. 인간은 신의 창조물이 아닌 진화를 거듭해 지금의 모습을 갖춘 동물로 인식되었다. 바꿀 수 없는 신의 뜻, 신의 섭리라는 개념도 점점 희미해졌다. 인간은 신이 미리 결정해놓은 운명에 따라 사는 존재가 아니라, 각자가 지닌 이성과 감성에 따라 운명을 만들어가는 존재가 되었다. 문학, 미술, 음악 등 예술의 주제도 신 중심에서 인간 중심으로 이동하여 르네상스 문화를 일으켰다.

이처럼 세상에 큰 영향을 끼친 천동설과 지동설은 우주를 어디서 보고 해석하느냐에서 갈라진다. 지구 중심으로 우주를 해석할 것인가, 태양 중심으로 우주를 해석할 것인가. 어디서 어떤 시각으로 보느냐에 따라 패러다임이 달라진다. 패러다임이 달라지면 세상에 대한 해석이 달라진다.

누구를 중심으로 보는가

왕의 관점에서 보는 세상과 국민의 관점에서 보는 세상은 근본적으로 다르다. 16세기 종교개혁 이래 유럽은 구교카톨릭와 신교프로테스탄트 사이의 종교전쟁과 농민반란으로 몹시 혼란스러웠다. 이러한 상황에서 왕권을 강화하여 강력한 중앙집권 국가를 만들고자 대두한 것이 '왕권신수설'이다. 왕의 권력이 신으로부터 주어졌으니 국민은 저항하지 말고 왕에게 절대복종해야 한다는 것이다.

유럽의 왕들은 상공업자들과의 상생으로 절대왕정 국가를 건설했다. 경제적으로는 중상주의정책을 채택해 자국산업을 키우는 보호무역정책을 중심으로 부국강병책을 폈다. 영국에서는 스튜어트 왕조 제임스 1세재위 1603-1625 때, 프랑스에서는 부르봉 왕가의 태조太祖 앙리 4세재위 1589-1610 때 절대왕정이 확립되었다.

루이 14세의 유명한 "짐이 곧 국가다"라는 말에서 알 수 있듯이 왕권신수설은 철저히 왕 중심이다. 국민은 그저 왕의 권력을 돈독히 하기 위해 쓰일 소모품이며 복종의 대상이다. 이러한 왕권신수설은 18세기까지 왕권과 국가에 대한 유럽 사람들의 지배적인 사상이었다.

그러나 18세기 후반에 이르러 홉스, 로크, 루소 등의 철학자들이 국민주권론을 제기했다. 국민주권론은 정치권력이 국민으로부터 비롯되었기에 국가의 주권이 국민에게 있다고 보는 생각이다. 국민주권론에서는, 인간의 본성은 이기적이라 자연 상태에서는 '만인의 만인에 대한 투쟁'을 하는 수밖에 없는데, 그런 자연 상태에서 벗어나기 위해 국민이 사회계약을 맺었다고 말한다. 국가권력이 없는 상태의 세상에서는 생명, 자유, 재산권 등의 개인 권리를 온전히 누릴 수 없으므로 사회계약을 통해 통치자를 두고 국가를 만들었다는 것이다. 그러므로 통치자에게 모든 권한을 위임하기는 했으나 권력의 행사는 국민의 동의와 합의가 있어야만 가능하고 정당하다는 생각이다. 이 국민주권론은 "국민이 곧 국가다"라는 생각으로 프랑스혁명 등 시민혁명의 주요한 사상적 토대가 되었다.

　국가권력의 주인을 바꾼 왕권신수설과 국민주권론은 누구를 중심으로 국가를 볼 것이냐의 차이다. 국가를 왕과 몇몇 귀족을 위한 틀로 볼 것인가, 국민의 필요로 만든 구성체로 볼 것인가. 결국, 누굴 중심으로 보느냐에 따라 패러다임이 달라지고 그 패러다임에 따라 세상이 바뀐다.

꼴찌가 일등이 되는 창조 패러다임

2002년 노벨 물리학상을 받은 물리학 박사 코시바 마사토시小柴昌俊는 도쿄대학 물리학과를 꼴찌로 졸업했다. 그의 성적표를 보면 물리학 실험만 우優고, 나머지 과목은 모두 양良과 가可다. 이런 그가 어떻게 노벨 물리학상을 받았을까? 도쿄대학 졸업 이후 자신의 성적에 한탄하며 열심히 공부해서일까? 미국 유학을 떠나며 심기일전해서일까? 아니다. 코시바에게는 '남이 가지 않은 방향으로 스스로 길을 만들어 간다'는 생각이 있었다. 그래서 그는 이미 나와 있는 이론에는 흥미가 없었고 따라서 그것을 외우고 익힐 필요성도 느끼지 못했다. 남이 간 길을 착실히 따라가는 것은 의미가 없다고 생각했다. 스스로 만드는 삶이 중요하다고 생각한 것이다. 그리고 이런 생각이 그에게 노벨상을 안겨주었다.

"학교 우등생이 사회에서도 우등생이 된다는 법은 없다"는 코시바 마사토시의 말처럼 우리가 잘 알고 있는 위대한 인물 가운데는 학교에서 배척당한 열등생이 많다. 발명왕 에디슨은 학교에서 내쫓기다시피 했고, 영국의 처칠 수상은 수학을 무척 싫어했으며 사관학교도 두 번이나 떨어진 뒤 겨우 붙었다. 20세기 가장 위대한 과학자로 꼽히는 아인슈타인은 선생님이 성적표에 "이래서는 도저히 성공할 수 없다"고 적을 정도로 성적이 나빴다. 노벨 문학상을 받은 인도의 시인 타고르는 학교에 적응하지 못해 유급을 거듭하다 끝내 학교를 그만둬야 했다.

이처럼 학교 열등생이 사회에 나와서는 위대한 업적을 남기는 경우가 종종 있는 까닭은 무엇일까? 그것은 학교와 사회의 평가 기준이 다르기 때문이다. "학업성적은 배운 것을 이해하는, 즉 수동적 인식을 얼마나 잘하는가를 나타내는 것이다"라고 한 코시바 마사토시의 말처럼, 학교에서는 암기력, 이해력, 성실성, 주어진 시간 내에 문제를 풀고 해답을 찾는 기민성을 성적의 평가 기준으로 삼는다. 그것이 현재 대부분 학교의 패러다임이다. 학생은 배우고 익힌 것을 응용하고 창조할 기회가 없고, 학교는 그 창조적 능력을 보려 하지 않는다.

그러나 사회에서 성공하려면 지금 같은 학교 교육 패러다임으로는 안 된다. 학교 우등생이 많은 사람이 선호하는 직업인 의사, 판사 등 창조성이 보다 덜 중요한 직업을 갖기에는 유리하다. 그러나 학교 교육 패러다임으로는 그 이상의 큰 인물을 키울 수 없다. 사회에서 성과를 만들어내는 능력은 종합적으로 판단하는 능력, 창의적으로 생각하는 힘, 신뢰성, 다른 사람과 협력하는 능력 등이다. 에디슨, 처칠, 아인슈타인이 가진 힘이 바로 그런 능력이었다. 그들은 학교 패러다임에서는 열등생이었지만 창조 패러다임에서는 역사에 빛나는 업적을 남겼다.

패러다임을 만드는 경험

미술계의 두 거장 파블로 피카소Pablo Picasso와 빈센트 반 고흐Vincent van Gogh는 둘 다 지독히 가난한 무명시절을 겪었지만, 자신의 미래와 세상을 바라보는 패러다임이 달랐다.

파블로 피카소는 말을 배우기 시작할 무렵부터 그림을 그릴 정도로 재능이 뛰어났다. 미술 교사였던 그의 아버지는 일찍이 그의 재능을 알아보고 그가 자유롭게 그림을 그릴 수 있도록 독려해주었다. 14세 때 피카소는 이미 거장들의 화법을 그대로 재현해낼 수 있을 정도의 수준을 갖췄다.

그는 20세에 스페인을 떠나 파리 몽마르트르 근처에 머물며 작품 활동을 시작했다. 파리에 처음 갔을 당시 피카소는 프랑스어를 전혀 할 줄 몰랐고 자살을 생각할 정도로 궁핍했다. 열악한 환경에서도 그는 열정적으로 그림을 그렸고, 전시회를 열었다. 그의 작품을 비판하는 무리도 많았지만, 그의 재능을 의심하는 사람은 없었다. 화상들이 터무니없이 낮은 가격을 제시하기는 했지만 피카소는 팔고자 하면 언제든 그림을 팔 수 있었다. 그래서 배를 곯을 정도로 가난한 와중에도 자기가 미술사에 이름을 남길 위대한 화가가 될 것이며, 곧 엄청난 부자가 될 것이라는 생각을 버리지 않았다. 그는 자신의 실력과 미래에 대해 낙관적 패러다임을 가졌다.

빈센트 반 고흐는 목사의 아들로 태어났다. 그는 어린 시절 가톨릭 교회 기숙학교에 다녔으나 잘 적응하지는 못했다. 16세에는 삼촌의 도움으로 '구필화랑'에서 일하게 됐지만, 손님들과 자주 언쟁을 벌여 해고되었다. 그는 전도사가 되기 위해 광산촌으로 떠나 무료 설교를 했으나, 이 일도 성공하지 못했다.

고흐는 화가가 되고자 유명한 화가들의 그림을 모사하며 혼자서 그림 공부를 했다. 하지만 파리 몽마르트르의 화가들과도 잘 지내지 못했고, 그를 인정해주는 동료는 거의 없었다. 동생 테오가 그를 지원하고 챙겨주었지만, 늘 가난했다. 고흐는 단 한 점의 작품도 팔지 못했다. 그러니 가난과 불행이 절대 자신을 떠나지 않을 것이라는 생각에 사로잡혔다. 그는 자신의 실력과 미래에 대해 비관적 패러다임을 가졌다.

피카소는 어린 시절부터 미술에 관해서는 천재라는 칭찬을 받았다. 그래서 그는 가난한 무명시절에도 자신의 실력을 의심해본 적이 없었다. 아직 때가 오지 않았다고 생각하고 자신이 인정받을 날을 기다렸다. 그러므로 그는 가난이 곧 끝날 거라는 낙관적 패러다임을 가질 수 있었다.

그에 반해 고흐는 누군가의 칭찬을 받기는커녕 늘 실패했고, 비난받았다. 자기 생각에 따라 그림을 그리면서도 스스로 만족하지 못했고, 자기에게 확신이 없었다. 그는 스스로에게는 물론 누구에게도 인정받지 못하는 화가였다. 이런 경험 속에서 비관적 패러다임을 어떻게 갖지 않을 수 있을까?

스티븐 코비Stephen Covey는 "우리가 어떤 관점을 갖고 있느냐는 우리가 어떤 처지에 놓여 있느냐에 달렸다"고 했다. 피카소와 고흐는 경험과 처지가 달랐기에 자신의 미래를 바라보는 패러다임이 달랐다. 패러다임은 어떤 나라, 어떤 집안에서 태어났는가, 어떤 환경에서 어떤 교육을 받으며 자랐는가, 성별이 무엇인가 등 개인적인 요건에 따라 달라질 수밖에 없다.

만약 화상들이 피카소에게 그랬듯이 고흐의 작품을 싼 가격에라도 사주었다면 어땠을까? 많은 사람이 고흐의 재능을 인정해주었더라면 어땠을까? 고흐가 재능을 인정받는 작은 성공이라도 경험했더라면, 그는 자신의 재능에 높은 가치를 부여했을 것이다. 그리고 그도 피카소처럼 가난을 영원한 고난이 아닌 잠시 겪어야 할 위기 정도로 보았을 것이다.

세상과 사물을 바라보는 방식이나 관점, 세상을 이해하는 방식인 패러다임. 패러다임은 한마디로 인식의 틀이며 세상을 바라보는 렌즈다. 어떤 렌즈를 통해 보느냐에 따라 세상은 달리 보이고 달리 해석된다. 볼록렌즈를 통해 보면 세상은 크게 보이고, 오목렌즈를 통해 보면 세상은 작게 보인다. 프리즘을 통해 보면 한 줄기 빛이 일곱 가지 빛깔로 나뉘어 알록달록하게 보일 것이다.

'모든 이해는 오해다'라는 니체의 말처럼 누구도 있는 그대로를 볼 수는 없다. 무엇을 보든 나름의 렌즈를 통해 주관적으로 보고 주관적으로 해석할 수밖에 없다. 따라서 모든 해석과 이해는 오해다. 패러다임은 모든 해석과 오해의 원천이다. 이것이 패러다임이 중요한 이유다.

패러다임 전환의
위력

어떤 사람이 지도를 보며 지리산에 올랐다. 산을 오르는 데 지도가 큰 도움이 되었기에 설악산에 오를 때도 그 지도를 참고하고자 했다. 지리산이나 설악산이나 모두 산이므로 어느 지도든 큰 차이가 없을 것으로 생각한 것이다. 결과는 보나 마나다. 지리산 지도로 설악산에 오르면 분명 길을 헤매고 말 것이다. 대안은 무엇일까? 지도를 바꿔야 한다. 설악산에서는 설악산 지도가 필요하다.

지리산에서는 지리산 지도가 필요하고 설악산에서는 설악산 지도가 필요하듯이, 세상이 달라지면 세상을 보는 패러다임도 달라져야 한다. 바꾸지 않고 낡은 패러다임을 고집하면 오르고자 하는 산에 오르기 어렵다. 새로운 환경에서 생각을 바꿀 줄 아는 사람이 큰 위업을 이룬다. "나는 힘이 센 사람도 아니고 두뇌가 뛰어난 천재도 아니다. 다만 날마다 새롭게 변했을 뿐이다. 그것이 나의 성공비결이다." 마이크로소프트를 세운 빌 게이츠의 말이다. 세상이 변하면 필요한 패러다임이 달라진다. 오늘의 패러다임이 내일을 위한 패러다임은 아니다. 새로운 환경에서는 새로운 패러다임이 필요하다. 낡은 패러다임은 새로운 세상에서 성과를 만들어내기 어렵다.

새 술은 새 부대에

"한때는 그토록 합리적이었던 것이 이제는 무의미해지고 / 은혜는 재앙의 씨앗이 될지니"

요한 괴테의 시 구절처럼 한때 세상을 풍요롭게 하던 패러다임이 세월이 지나 오히려 재앙이 되기도 한다.

1873년부터 시작된 세계공황으로 경제가 무너지고 사회주의 세력이 커지자, 독일의 재상 비스마르크Bismarck는 노동자를 억압으로 다스리는 것이 한계에 이르렀음을 깨달았다. 그는 시대가 새로운 패러다임을 요구한다는 것을 인식했고, 그래서 복지 국가를 탄생시켰다. 노동자들을 우호세력으로 끌어당기기 위한 당근이었다. 독일은 1883년 건강보험법, 1884년 재해보상

법, 그리고 1889년 노년보험법을 제정하는 등 10여 년에 걸쳐 사회보험을 기초로 광범위한 복지제도를 도입했다. 이후로 복지국가 패러다임은 독일은 물론 유럽의 많은 나라를 살기 좋은 국가로 만드는 데 일등공신 역할을 했다. 그러나 시간이 지나면서 복지국가는 지속가능하지 않은 패러다임으로 판명되었다. 국가재정 적자가 비대해지고 기업경쟁력이 감소했기 때문이다. 조세부담으로 근로자의 노동의욕도 줄어들었다. 복지국가는 위기에 직면했다.

만병통치약 같던 복지국가 패러다임이 여러 유럽 국가에 재앙이 된 것은 이 체제를 설계할 당시 전제 조건이었던 인구구조가 달라졌기 때문이다. 1900년에 유럽인의 평균수명은 40~45세에 불과했다. 사실상 노인이 많지 않았던 것이다. 이렇게 청년이 많고 노인이 적은 인구구조에서는 관대한 복지제도가 가능하다. 그러던 것이 20세기 말 선진국의 평균수명이 80세로 늘어났다. 노인은 많고 청년은 적은, 소위 '저출산 고령화 사회'로 인구구조가 바뀐 것이다. 새로운 인구구조 아래에서 과거의 복지 패러다임은 타당성을 잃고 위기에 직면했다. 이에 따라 새로운 패러다임의 필요성이 대두되었다.

최근 스웨덴과 덴마크를 비롯한 북유럽에서는 복지국가의 위기를 극복하기 위해 패러다임을 바꾸고 있다. 실업자를 무조건 도와주는 부조형 복지 패러다임에서 '일을 통한 복지work-welfare', '학습을 통한 복지learn-welfare' 등 지속가능한 사회복지 패러다임으로 전환하는 것이다. 새 술은 새 부대에 부어야 하듯이 새로운 환경에는 새로운 패러다임이 필요하다.

다른 각도에서 바라보기

미국 전함이 해상 기동훈련을 하고 있었다. 며칠 동안 폭우가 쏟아지고 안개가 짙었다. 깜깜한 밤, 감시병이 우현 이물 쪽으로 빛이 보인다고 선장에게 보고했다. 선장은 빛이 움직이는지 그대로 있는지를 물었다.

"움직이지 않습니다."

선장은 자신의 전함과 그 불빛의 배가 충돌할 수 있는 상황임을 파악했다. 그래서 신호병을 시켜 그쪽에 충돌 위험 신호를 보내며 항로 방향을 20도 바꾸라고 전했다. 그러자 상대쪽에서 응답을 보내왔다.

"당신들이 항로를 바꾸시오."

"나는 이 배의 선장이다. 항로를 20도 변경하라."

"나는 이등 항해사입니다. 선장님이 항로를 바꾸십시오."

선장은 몹시 화가 나서 다시 신호를 보냈다.

"이건 전투함이다. 당장 항로를 변경하라!"

"여긴 등대입니다."

선장은 바로 항로를 변경했다.

이 이야기 속의 선장처럼 우리는 많은 경우 안개와 어둠에 가려 실체를 제대로 보지 못한다. 그리고 '전함이 항상 절대 우위다', '나는 갑이고 넌 을이다'라는 우월감에 젖어 고정관념으로 현실을 본다. 현실의 실체를 제대로 볼 수 있느냐의 여부는 우리 삶에서 무척 중요하다. 이 상황에서 선장이 생각을 바꾸지 않았다면 어떻게 되었을지는 굳이 말할 필요가 없다. 패러다임을 바꾸면 현실의 실체를 볼 수 있다. 똑같은 상황을 180도 다른 각도에서 볼 수 있기 때문이다.

문제 해결의 실마리가 되는 패러다임 전환

'미래의 왕은 짐마차를 타고 올 것이다'라는 신탁에 따라 프리기아의 왕이 된 고르디우스는, 왕이 되자 자신의 마차를 신에게 바쳤다. 그가 신전 기둥에 마차를 어찌나 단단하고 복잡하게 매어놓았는지 아무도 그 매듭을 풀지 못했다. 그래서 이 매듭을 푸는 사람이 아시아 전체의 왕이 되리라는 말이 퍼져나갔지만 오랜 세월 동안 성공한 사람이 없었다.

원정 도중 프리기아를 지나가던 알렉산더 대왕은 그 이야기를 듣고 자신의 능력을 시험하고자 신전에 찾아갔다. 알렉산더 대왕은 매듭을 손으로 풀기 위해 몇 차례 거듭 시도하다가 도저히 풀 수가 없자 칼을 꺼내 매듭을 잘라버렸다. 고르디우스의 매듭을 풀어낸 후 그는 아시아를 지배했다.

그리스 로마 신화로 전해 내려오는 이 '고르디우스 매듭' 이야기가 사실인지 아닌지는 알 수 없다. 사실이든 아니든 우리는 신화 속에 숨겨진 메시지를 읽어내야 한다.

밧줄이 상하지 않게 꼭 손으로 매듭을 풀어야 한다고 생각하는 것이 보통 사람의 패러다임이다. 그런데 알렉산더 대왕은 그 패러다임을 버렸다. 손으로는 도저히 풀 수 없다고 판단했기 때문이다. 그래서 그는 칼로 매듭을 잘랐다. 고정관념을 버리고 새로운 패러다임으로 문제를 해결한 것이다. 마차를 묶은 매듭을 풀어야 할 이유가 무엇이겠는가? 신전 기둥으로부터 마차를 분리하기 위해서일 것이다. 그렇다면 굳이 손으로 힘겹게 풀 필요가 없다. 알렉산더 대왕은 생각의 중심에 밧줄이 아닌 마차를 두었기에 패러다임을 전환할 수 있었다. 그리고 이처럼 패러다임을 과감히 전환하는 힘을 가졌기에 아시아 전체를 지배할 수 있었다. 풀리지 않는 일을 풀기 위해서는 고정관념을 깨고 낡은 패러다임을 잘라버려라. 이것이 이 신화에서 우리가 배워야 할 메시지다. 사고와 발상을 전환하면 해결책이 근본적으로 달라진다.

종이 한 장의 차이를 만드는 것

세계 최고 축구선수는 다른 선수보다 반보 빨리 움직인다. 경마에서 일등을 한 말은 이등과 코 하나 차이로 들어온다. 모든 분야에서 일등과 이등은 거의 실력의 차이가 없다. 노력과 성실함도 크게 다르지 않다.

그럼 무엇이 반보 차이, 코 하나의 차이를 만드는 걸까? 간발의 차이는 패러다임의 차이에서 비롯된다. 예컨대 축구선수가 반보 빨리 움직일 수 있는 것은 다른 선수가 미처 보지 못한 정확한 위치를 남보다 먼저 찾아내는 안목이 있기 때문이다. 남과 다른 관점에서 경기를 보고 해석하는 것이다. 조그만 관점의 차이, 작은 패러다임의 차이가 천리지차千里之差를 만든다. 세계적인 성공학 연구자 나폴레온 힐은 "긍정적인 생각과 부정적인 생각의 조그만 차이가 성공과 실패라는 커다란 차이를 만들어낸다"고 했다. 모든 분야에서 생각의 차이는 깃털 하나의 차이로 출발하지만, 개인과 기업 그리고 국가의 미래에 천 리만큼의 차이를 벌려놓는다.

공유의 비극을 공유의 행복으로

"최대 다수가 공유共有하는 것에는 최소한의 배려만 주어질 뿐이다." 아리스토텔레스는 공동체가 공유하는 재화의 비극적 종말을 갈파했다. 경제학에서는 이러한 현상을 '공유의 비극'이라고 한다. 공유의 비극이란 어장, 도로, 삼림, 농업용수 등과 같이 공동체의 구성원이면 누구나 공짜로 사용할 수 있는 재화는 남용되어 황폐해질 수밖에 없다는 것을 말한다. 공짜로 얻을 수 있는 재화는 먼저 본 사람의 것이 된다. 공용 어장의 물고기는 먼저 잡은 사람의 차지다. 내가 지금 잡지 않으면 남의 것이 되기 때문에, 내일을 위해 남겨둘 수가 없다. 따라서 공용 어장은 황폐해지고 물고기는 씨가 마른다.

실제로 터키의 알라니아 근해 어장에서는 1970년대 초반까지 지역 어민 백여 명이 공동으로 조업했는데, 심심치 않게 폭력 사건이 일어났다. 서로 고기가 잘 잡히는 자리를 차지하려고 다투었기 때문이다. 어민끼리 적대감과 불신이 깊어지고 이로 인해 경제적 손실이 컸다. 이러한 공유의 비극에 대해서 경제학자들은 공유재에 주인을 정해주는 것만이 해결책이라고 강조해왔다. 어장을 나누어 개인에게 매각하는, 즉 사유재산화만이 어장을 효율적으로 관리할 방법이라는 것이다. 개인의 '사적자치私的自治'를 중시하는 시각에서 본 이 방법은 분명 훌륭한 해결책이다. 그러나 이것만이 유일한 해결책은 아니며 최선의 해결책도 아니다.

1970년대 초반, 알라니아 지역 어민은 직접 문제 해결에 나섰다. 어민들은 공동체 자치에 의한 어장 운영이라는 새로운 운영체계를 도입했다. 공유의 비극을 소유가 아닌 공동체의 자치로써 해결하는 새로운 패러다임을 실험한 것이다. 먼저 어민들은 조업자의 명부를 작성해 지역조합을 만들었다. 다음으로 조업구역을 나누어 제비뽑기로 각자 조업할 지역을 배정했다. 그리고 날마다 조업지점을 차례로 돌아가며 바꾸게 했다. 모두가 좋은 지점에서 조업할 기회를 똑같이 얻는 공정한 자치 시스템을 만든 것이다. 이 자치 시스템에서는 누군가가 남보다 더 유리하거나 더 불리하지 않았다.

조업지점을 적은 목록은 어민들의 확인을 거쳐 시장과 지역 경찰이 보관하고 관리하게 했다. 하지만 사실 조업지점을 감시할 필요가 없었다. 좋은 조업지점에서 조업할 차례의 어민은 그 기회를 최대한 누리기 위해 누구보다 일찍 작업을 시작하니 누구도 자리를 몰래 넘보고 불법으로 조업할 수 없었다. 또한, 누군가 노른자위 지점에서 부정 조업을 하면 직접 피해를 본 어민뿐 아니라 다른 어민들도 그를 비난한다. 남의 일이 아니라 내일 혹은 모레 자신이 겪게 될 일이기 때문이다. 자연히 어민들이 서로 감시자가 되고 스스로 규율을 지킨다.

이 공동체 자치 시스템을 운영한 이후 터키 알라니아 근해 어장의 어획량이 늘었다. 또한 어민들 사이가 돈독해지고 신뢰가 생겼다. 좋은 자리를 먼저 차지하기 위한 투쟁 패러다임을 그만두고 똑같이 기회를 얻자는, 공유의 패러다임을 취한 결과다. 경제학자인 엘리너 오스트롬Elinor Ostrom은 이 사례를 연구하여 공유의 비극을 넘어설 수 있는 대안으로 '자치 공동체 경제'를 제시했다. 그리고 그와 관련된 논문으로 2009년 노벨 경제학상을 받았다. 공공재의 사유화라는 사적자치私的自治 패러다임에서 벗어나 공동체 자치를 통한 공유재 관리라는 새로운 시각으로 접근했기에 얻은 결과다. 패러다임 전환은 공유의 비극을 공유의 행복으로 바꾸어놓았다.

역사에서 배우는 패러다임 전환의 힘

일본 도쿠가와德川막부 시대1603-1867는 중앙집권적 봉건국가였다. 각 번藩의 다이묘大名들은 각기 반독립적인 정부를 형성했다. 도쿠가와막부는 지방 토후 세력인 다이묘들에 대한 통제력이 강력하지 못했다. 도쿠가와막부에 정면으로 도전할 만한 다이묘는 없었지만, 소소하게 반기를 드는 사건은 종종 일어났다.

도쿠가와막부 시대에는 외국과의 통상을 금지했었다가 1854년 처음으로 미국과 무역협정을 체결했다. 그보다 앞서 1853년에는 미국의 페리 제독이 전함을 이끌고 도쿄만에 진입했고, 도쿠가와막부는 이에 굴복했다. 이를 본 다이묘들은 도쿠가와막부의 병력이 예상보다 강하지 않다고 판단했다. 그래서 이 무역협정 조약이 왕의 조인 없이 도쿠가와막부의 독단으로 맺어졌음을 빌미 삼아 세력을 결집했다. 1866년 다이묘 연합세력에 도쿠가와막부는 패퇴했다. 1867년 다이묘 결집 세력은 막부정치를 무너뜨리고 메이지 정부를 세웠다. 메이지 정부는 메이지 유신1868년을 단행해 입헌제도를 도입하고 토지세, 학제 등을 개혁했다. 메이지 유신은 국가통치 패러다임을 근본적으로 바꾼 개혁이었다.

반면 쇄국정책을 펴던 조선은 일본의 통상 요구에 굴복해 1876년 강화도 수호조약을 체결했다. 이어 미국, 영국 등 군사력을 바탕으로 한 수교압력에 줄줄이 개항했다. 그 당시 홍경래의 난 등 곳곳에서 민란이 일어났지만, 조선의 왕권은 강력했다. 민란의 불꽃은 타오르기도 전에 꺼졌고, 지방권력은 미미했다. 개항 이후에도 조선 왕권과 수구세력은 절대왕정을 고수하며 기득권을 옹호했다.

개항을 기점으로 일본에서는 정치혁명이 일어나 그것이 경제성장과 국가 근대화의 토대가 되었다. 국가권력 패러다임 전환의 덕택이다. 하지만 조선은 정치혁명도 경제성장의 토대도 구축하지 못했다. 패러다임 전환에 실패한 것이다. 이 예시는 19세기 후반부터 100여 년 동안의 근대화 과정에서 일본과 한국의 차이를 극명하게 보여준다. 물론 일본의 패러다임 전환 성공이 러일전쟁, 중일전쟁, 태평양전쟁이라는 세계사적으로 끔찍한 사건을 일으키는 원동력이 되었지만, 오늘날 세계 3위의 경제력을 갖춘 국가로 성장하는 밑거름이 된 것만은 부인할 수 없는 사실이다.

당시 조선의 왕권이 민란을 통제할 수 없을 정도로 약했다면 어땠을까? 민란을 조직적으로 연결할 지방세력이 있었다면 어땠을까? 조선에 정치적 혁명이 일어나 자체의 힘으로 근대국가로 가는 기틀을 마련했다면, 그렇게 패러다임을 전환했다면 일제의 식민통치를 받는 일은 아마 일어나지 않았을지도 모른다. 일본에 문명을 전하던 찬란한 문화의 나라가 아닌가. 광개토대왕 때처럼 대륙으로 뻗어 나가 동북아시아의 새로운 역사를 썼을 수도 있을 것이다. 이처럼 국가권력 패러다임 전환의 성공과 실패는 역사의 명암을 갈랐다. 패러다임 전환의 실패는 후회와 회한만을 남긴다.

패러다임 전환을 위한 생각습관

언제 어디서든 패러다임을 전환할 수 있는 능력을 갖추려면 어떤 생각습관을 가져야 할까? 패러다임 전환 능력이 탁월했던 기업가, 예술가, 과학자에게는 어떤 공통점이 있을까? 앞에서 살펴보았듯이 패러다임 전환의 힘은 강력하고 위대하다. 하지만 패러다임을 바꾸기는 쉽지 않다. 패러다임도 관성의 법칙에서 자유로울 수 없다. 누구나 살던 대로 사는 게 쉬우니 자신도 모르게 늘 생각하던 대로 생각하기 마련이다.

그러므로 관성의 법칙을 깨뜨릴 수 있는 생각습관이 필요하다. 패러다임 전환 능력이 탁월한 사람들이 갖춘 생각습관, 그것을 익혀야 한다. 어떤 위기와 실패도 성공으로 바꾸는 힘, 패러다임을 전환하는 네 가지 생각습관은 다음과 같다.

나를 바꾸면 모든 것을 바꿀 수 있다

공자는 논어에서 '군자구저기 소인구저인君子求諸己 小人求諸人', 즉 '군자는 자신에게서 원인을 찾고, 소인은 다른 사람에게서 원인을 찾는다'고 했다. 보통 사람은 흔히 곤경에 처하거나 실패했을 때 그 원인을 외부에서 찾는다. 그 친구만 안 만났더라면, IMF 외환위기만 없었더라면… 원인을 다른 사람이나 환경 탓으로 돌린다. 물론 상황에 따라 내 힘으로는 어쩔 수 없는 일, 꼭 내 탓만이 아닌 일도 많다.

그러나 남을 탓해봐야, 외부로 책임을 돌려봐야 뾰족한 수가 없다. 다시는 그 친구를 만나지 말아야지, IMF 같은 상황이 오지 않길 빌어야지 마음먹어도 내 삶은 달라지지 않는다. 내가 달라지지 않는 한, 위기에 대처하는 나의 생각습관이 달라지지 않는 한 다람쥐 쳇바퀴 돌듯 실패를 거듭할 수밖에 없다.

군자가 남의 탓을 하지 않고 자신에게서 원인을 찾는 이유는 마음 수양이 깊어서가 아니다. 그것이 일이 바로 되게 하는 길임을 알기 때문이다. 실패를 딛고 목적한 바를 이루기 위해서다. 그래서 군자는 불가항력의 일, 자신의 탓이라 볼 수 없는 상황에서도 자신에게서 원인을 찾고 자신을 바꾼다. 임금의 잘못도 자신의 탓, 가뭄도 자신의 탓이다. 그래야 자신이 할 일을 찾아 세상을 바꿀 수 있다. 훌륭한 신하, 따뜻한 재상이 되는 길이 거기에 있기 때문이다. 그러고 보면 군자라서 자신에게서 원인을 찾는 게 아니라, 자신에게서 원인을 찾는 자가 군자가 되는 것이다. 패러다임 전환 능력이 탁월한 자가 군자다. 항상 외부에서 원인을 찾으려 하고, 자기 생각을 바꾸려 하지 않는 자는 영영 소인에서 벗어나지 못한다.

내가 남을 바꾸기는 어렵다. 세상에 불어 닥친 위기를 나 혼자 바꾸는 것도 불가능하다. 내가 바꿀 수 있는 것은 오직 나뿐이다. 그러나 나를 바꾸면 모든 걸 바꿀 수 있다.

함께 일하는 팀원 가운데 일에서 성과를 내지 못하는 사람이 있다고 해보자. 성과를 올리기 위해 끊임없이 잔소리하고 질책하면 그가 달라질까? 아마도 팀워크만 나빠지고 일의 성과는 나지 않을 것이다. 채찍 대신 당근을 써도 미미한 효과만 있을 뿐 그는 바뀌지 않는다. 그가 바뀌려면 그 자신 스스로 패러다임을 전환하는 방법밖에 없다.

내가 그 팀원을 바꾸려 하는 것은 그의 태도와 행동이 성과를 내지 못하는 원인이라고 생각하기 때문이다. 그러나 이때 그가 아니라 나를 바꾸면 어떻게 될까? '왜 그가 제대로 성과를 내지 못할까? 그가 성과를 낼 수 있도록 내가 도와줄 일이 없을까?' 하고 생각을 바꾸면 결과가 달라진다. 그에게 필요한 도움을 주면 당연히 일이 원활히 진행되고 따라서 좋은 성과를 낼 수 있다.

연애도 마찬가지다. 상대를 내가 원하는 모습으로 바꾸려 하면 갈등이 생긴다. 갈등에 지쳐 사랑을 잃게 될 수도 있다. 그러나 상대가 원하는 모습으로 나를 바꾸면 갈등이 사라진다. 사랑이 더욱 깊어진다.

나를 바꾸면 안 될 일이 없다. 나를 바꿔서 얻을 수 있는 이익은 참으로 많다. 어떤 위기, 어떤 문제에 직면하든 '나를 어떻게 바꾸면 해결될까?'를 생각하자. 그러면 나의 사고방식, 세상을 보는 방식, 세상을 보는 관점이 달라진다. 즉 나의 패러다임이 전환된다. 그리고 문제를 해결할 열쇠를 얻을 수 있다.

결과를 예측하고 성과를 생각한다

어떤 일에 대해 내 생각이 올바른지 알기 위해서는 행동에 앞서 결과를 예측하고 그 성과를 생각해봐야 한다. '지금 내가 하는 일의 결말은 어떻게 될까? 이 일이 성과를 제대로 낼 수 있을까?' 하고 스스로에게 물어야 한다. 그 결과가 목표를 이루는 데 도움이 된다고 생각되면 그 일은 필요한 일이다. 이 경우 패러다임을 전환할 필요가 없다. 그러나 결과가 목표를 이루는 데 도움이 되지 않는다고 생각되면 그 일은 해서는 안 될 일이다. 그때는 패러다임을 바꿔야 한다.

A가 사는 집에 불이 났다고 해보자. A는 불을 지르고 도망치는 사람을 보고 그를 잡으러 달렸다. 결국 그를 잡았지만, 그사이 집은 모두 타버렸다. B가 사는 집에도 똑같이 불이 났다. B는 방화범을 잡으러 가려다 멈칫했다. B는 행동하기에 앞서 결과를 미리 생각해보았다. 상황을 따져보니 그를 잡으러 가는 동안 집에 불길이 더 번질 것이 분명했다. B의 목표는 불을 꺼서 재산을 지키는 것이었다. 그래서 B는 방화범을 잡으러 가지 않고 화재신고를 한 뒤 불을 끄기 시작했다.

이처럼 결과를 먼저 예상하고 성과를 생각해보면 해야 할 일과 하지 말아야 할 일이 분명해진다. 누구나 감정에 쉽게 휘말린다. 불을 지른 사람을 보면 순간 그를 잡아야 한다고 생각하기 마련이다. 대학등록금을 내러 가는 길에 가난한 친구와 마주쳐 딱한 사정을 들으면 돈을 빌려주고 싶은 마음이 드는 것도 당연하다. 이럴 때 감정이 이끄는 대로 행동하기 쉽다. 그러므로 일을 하기에 앞서 반드시 내가 원하는 결과가 무엇인지, 지금 내가 하고자 하는 행동의 결과가 내가 진정 원하는 결과인지를 따져야 한다. 집을 다 태우더라도 방화범을 잡는 것이 내가 원하는 결과라면 그를 잡으러 달려야 한다. 내가 대학에 다니지 못하더라도 친구의 고통을 덜어주는 것이 내 목표라면 등록금을 친구에게 주면 된다. 하지만 내가 원하는 결과와 목표가 그게 아니라면 당장 방화범을 잡아야 한다는, 친구를 도와야 한다는 생각은 잘못이다. 결과와 성과를 예측해보니 현재 내가 하는 일이 잘못되었거나 해서는 안 되는 일이라면, 지금 가지고 있는 패러다임을 버려야 한다. 그것은 현재의 사고방식에 문제가 있다는 뜻이기 때문이다. 즉각 내 목표를 달성할 수 있는 새로운 패러다임으로 전환해야 한다.

어떤 일을 하기에 앞서 결과와 성과를 미리 따지면 자기 생각에 문제가 있는지 없는지를 알 수 있다. 따라서 패러다임 전환을 위해서는 결과와 성과를 미리 따지는 생각습관이 꼭 필요하다.

자기 생각을 현실에서 성과로 검증한다

경제적 조건이 같은 두 사람 A와 B가 있다. 두 사람은 모두 저축이 부富를 이루는 가장 확실한 방법이라고 생각한다. 둘 모두 버는 돈 대부분을 저축했다. 시간이 흘러 A는 부자가 되었지만 B는 부자가 되지 못했다. A와 B는 똑같은 생각으로 똑같은 행동을 했는데 왜 결과는 달라진 걸까?

A와 B가 사는 현실이 달랐기 때문이다. A는 인플레이션이 없는 나라에서 살고 있었다. 그러므로 '저축이 부를 이룬다'는 그의 생각은 옳았다. 그러나 B는 인플레이션이 심한 나라에서 살고 있었다. 물가가 금리보다 더 빠른 속도로 뛰었다. B는 부자가 되지 못했다. 그러므로 B의 생각은 잘못된 것이었다.

올바른 패러다임으로 전환하기 위해서는 끊임없이 '지금 내 패러다임이 성과를 제대로 내고 있는가?' 하고 자기 생각을 현실로부터 검증해야 한다. 내 생각대로 일을 진행했을 때 현실에서 긍정적인 결과가 나오면 패러다임을 전환할 필요가 없다. 인플레이션이 없는 나라에서 저축하는 A는 자신의 패러다임이 제대로 성과를 내는 것을 확인할 수 있다. 따라서 A는 패러다임을 전환할 필요가 없다. 그러나 인플레이션 경제에서 사는 B는 저축해도 부자가 되지 못했다. 저축하면 부자가 될 것이라는 B의 생각, B의 패러다임은 제대로 성과를 내지 못했다. 그건 패러다임을 바꿔야 한다는 신호다. 따라서 B는 성과를 향상할 수 있는 새로운 패러다임을 찾아야 한다.

성공하는 사람은 생각을 현실에서 검증하고 검증결과에 따라 패러다임을 전환한다. 학교성적이 오르지 않는데도 공부방법을 바꾸지 않는 것은 어리석다. 영업실적이 나지 않는데도 그 영업방식을 고수한다면 미래가 없다. 현실 검증은 내 생각이 옳은지, 내 패러다임이 올바른지를 확인할 수 있는 리트머스 시험지다. 테스트 결과가 좋으면 내 생각대로 계속 행동하면 된다. 그러나 테스트 결과가 좋지 않으면 생각을 바꾸고 패러다임 전환을 모색해야 한다. 그래야 성공에 이를 수 있다.

가장 중요한 것이 무엇인지 확인한다

패러다임 전환을 모색하기 위해서는 계속해서 '내가 지금 하는 이 일이 가장 중요한 일인가, 내 목표를 달성하기 위해 이 일을 지금 꼭 해야 하는가?'를 확인해야 한다.

가장 중요한 일은 가장 큰 성과를 낼 수 있는 일이다. 큰 성과는 자신이 강점을 가지고 있는 분야에서 일할 때 만들어진다. 체력과 순발력이 강점인 사람은 스포츠 분야에서 좋은 성과를 낸다. 예술적 재능과 감각이 강점인 사람은 예능 분야에서 큰 성과를 만든다. 에디슨은 자신의 강점인 발명 분야에 집중해서 큰 성과를 만들어냈다. 강점이 활용될 수 없는 분야에서 일하면 큰 성과를 이루기 어렵다. 결국, 가장 중요한 일이란 자신의 강점을 활용할 수 있는 분야의 일이다. 따라서 나의 패러다임이 올바른지를 확인하기 위해서는 내가 중요한 일을 하고 있는지 그리고 그 중요한 일이 내 강점을 활용할 수 있는 분야의 일인지 확인해야 한다. 어제까지 가장 중요했던 일이 오늘도 여전히 가장 중요하다고 확인되면 내 생각대로 계속 행동하면 된다. 그러나 어제까지 가장 중요했던 일이 오늘은 그렇지 않다면 어제의 패러다임을 검토하고 새로운 패러다임으로 전환을 모색해야 한다.

후지필름의 가장 중요한 사업은 오랫동안 필름이었다. 그러나 디지털카메라 시대가 열리면서 필름 수요가 격감했다. 후지필름은 필름이 더는 메인 사업이 될 수 없음을 확인했고 새로운 패러다임으로 목표를 전환했다. 후지필름은 필름 사업을 버리고 자신의 강점을 활용할 수 있는 새로운 분야, 화장품과 의약품 분야로 사업을 확장했고 멋지게 변신에 성공했다.

바둑, 패러다임
전환의 연습 도구

사람이 큰 충격의 위기나 고난을 경험하면 가치관이 달라지고 생각하는 방식이 바뀌는 경우가 생긴다. 이때 비로소 패러다임 전환의 힘을 알게 되고, 전환 능력을 갖추게 된다. 우리는 패러다임을 전환하면서 성장한다. 그러나 패러다임 전환이 자칫 너무 늦으면 얻고자 한 성과를 얻을 수 없다.

'어렸을 때 내 꿈은 세상을 바꾸는 것이었다. 어른이 된 뒤 내가 세상을 바꿀 수 없다는 것을 알았다. 그래서 나는 나라를 바꾸기로 결심했다. 늙어서야 내가 나라를 바꿀 수 없다는 것을 알았다. 나의 바람은 가정을 바꾸는 것이었다. 그러나 그것도 불가능했다. 침대에 누워 몸을 전혀 움직일 수 없을 때 나는 깨달았다. 처음부터 나 자신을 바꾸었다면 모든 것이 달라졌을 것이다.' 런던 웨스트민스터 사원 묘비에 새겨진 비문이다.

뒤늦게 패러다임을 전환하는 것은 70대에 대학에 들어가는 것과 같다. 70대에 공부의 중요성을 깨닫고 대학에 들어가 학문을 연구하는 게 의미가 없다는 것은 아니다. 그러나 대학에서 한 공부를 일에 활용할 기회는 젊어서 대학 공부를 한 사람보다 훨씬 적을 수밖에 없다.

20대에 대학에 들어가는 것과 70대에 대학에 들어가는 것이 인생에 끼치는 영향이 확연히 다르듯이 패러다임 전환 능력도 그렇다. 이 능력은 어릴 때 배울수록 좋다. 인생을 성공으로 이끄는 원동력이 되기 때문이다. 그런데 역설적이게도 패러다임 전환 능력은 다양한 체험을 통해서만 체화되는 것이다. 이 능력을 어떻게 어리고 젊을 때 얻을 수 있을까?

물론 현실의 삶에서는 거의 불가능하다. 그러나 패러다임 전환은 게임을 통해 배우고 체험할 수 있다. 바둑, 체스와 같은 보드게임은 패러다임 전환을 체험하기에 좋은 도구다. 그중에서도 패러다임 전환 능력을 키우기에는 바둑이 최고다. 바둑을 두면 어느 보드게임과 비교할 수 없을 정도로 끊임없이 패러다임을 바꾸는 연습을 할 수 있다. 어떤 놀이보다도 반복적으로 패러다임 전환의 위력을 체험할 수 있다.

실제로 바둑의 고수들은 패러다임을 전환하는 능력이 뛰어나다. 바둑 고수들은 실전이나 대국을 되짚어보는 복기를 통해 자신의 사고를 뛰어넘은 수나 놓인 돌들의 조합을 매번 새로 배운다. 따라서 새로운 사고방식을 읽고 거기서 배우는 능력이 빼어나다. 또 패배로부터 자기 생각의 한계를 깨닫는 능력도 탁월하다. 세계 최대 타이틀 가운데 하나인 응창기에서도 우승한 적이 있는 서봉수는 끝없이 배운다.

"바둑이 약한 나 같은 사람은 계속 질문하면서 배워야 해요." 60세가 넘은 서봉수가 국가대표 연구회에서 10대와 20대 후배 프로기사에게 수많은 질문을 던지면서 한 말이다. 그는 최근 시니어 왕위전에서 우승해 아직 승부사로서 건재함을 증명했다. 바둑 실력이 발전하는 과정은 상대의 우월한 패러다임을 받아들이고 동시에 자신의 열등한 패러다임을 버리거나 수정하는 과정이다. 그런 의미에서 바둑은 패러다임 대결 게임이다.

바둑은 생각 대결 게임이다

바둑은 첫 돌을 놓는 순간부터 승부가 판가름나며 처음부터 끝까지 생각의 대결이다. 바둑에서는 생각의 차이가 승리와 패배를 결정한다. 상대는 넓은 시야로 전체 판을 보면서 두는데 나는 부분만 바라보고 있다면 상대를 이길 수 없다. 부분에 집착하는 패러다임은 전체를 중시하는 패러다임을 이길 수 없다.

부분만 보는 사람은 국지적인 작은 이익을 추구한다. 나무만 보고 숲을 보지 못한다. 부분적으로 좋은 수를 두어도 전체 흐름에서는 나쁠 수 있다. 이 경우 당연히 대세에 뒤지고 전체적으로 소탐대실小貪大失한다. 이를 제대로 판단하지 못하면 대마大馬를 잡고도 지는 경우가 많다.

부분에 집착하는 사람은 공격할 때 상대 돌을 잡는 데만 집착해 공격을 서두른다. 자신의 약점을 보지 못하고 상대를 공격하려 한다. 무조건 잡으려고만 한다. 바둑이란 혼자 두는 게임이 아니라서 상대의 돌은 그리 쉽게 잡히지 않는다. 부분에 집착하는 사람은 한쪽 싸움이 마무리되면 그제야 '이제 어디에 둘까?'를 생각한다. 전체에 대한 기획과 머릿속에 그려둔 자신만의 디자인이 없다. 당연히 일관성이 부족하고 대세에 뒤진다.

반면 전체를 중시하는 사람은 전국적 이익을 추구한다. 국지적인 관점이 아닌 전체적 관점에서 좋은 수를 둔다. 부분적으로 나빠도 전체적으로 좋을 수 있다는 것을 잘 알고 있다. 공격할 때 상대 돌을 잡는 데 집착하지 않는다. 공격도 서두르지 않는다. 공격할 때는 항상 자신의 말을 먼저 보강한 뒤 상대를 공격한다. 상대가 나를 잡으러 올 때 상황이 위급하면 자신의 돌을 버릴 줄도 안다. 때에 따라서는 전략적으로 자신의 돌을 버리고 그러면서 선수를 쥐어 대세를 장악한다. 전체를 중시하는 사람은 어떤 수를 두건 항상 큰 그림을 그린다. 큰 시야 속에서 부분과 부분이 조화를 이루고 호응한다. 처음과 끝이 일관된다. 당연히 대세를 앞서간다.

낡은 생각의 틀을 벗어나라

바둑 수준이 향상되는 과정은 패러다임 전환 과정이다. 뱀이 허물을 벗으며 성장하듯이 바둑은 계속해서 낡은 생각의 틀을 버리며 발전한다. 새로운 생각의 틀, 즉 새로운 패러다임으로 조금씩 전환하면서 바둑 수준이 향상되는 것이다. 통상 바둑 실력은 총 27단계가 있다. 18급부터 시작해서 1급까지 18단계, 그리고 초단부터 9단까지 다시 9단계로 나눈다. 패러다임이 바뀌면서 바둑 수준이 한 단계씩 한 단계씩 올라가고 바둑이 늘 때마다 패러다임 전환의 위력을 체험한다.

바둑에는 수많은 패러다임 전환이 있다. 전체를 중시하는 패러다임이라고 해도 다 같은 것이 아니라 그 안에는 수없이 다양한 패러다임이 존재한다. 바둑의 패러다임은 양파 껍질과 같다. 양파 껍질을 한 장 벗기면 그 안에 계속해서 더 부드러운 양파 껍질이 나오듯이 바둑 패러다임의 스펙트럼도 다양하다. 바둑을 보는 안목이 넓어지고 역량이 강화되면 패러다임은 더욱 강력한 패러다임으로 전환된다. 바둑판 전체 형세를 보는 안목, 싸움의 결과를 미리 내다보는 안목, 큰 곳을 알아보는 안목 등 시야가 넓어지면 패러다임이 달라진다.

초보 시절 돌을 버릴 줄 모르다가 어느 정도 실력이 늘어 돌을 버릴 줄 알게 되면 패러다임이 진화한다. 상대의 돌이 강할 때 자신을 먼저 보강할 필요가 있다는 것을 알면 패러다임이 달라진다. 선수의 가치에 눈뜨면 패러다임이 바뀐다. 돌들이 전체적으로 호응하면서 유기적으로 관계를 맺고 있다는 것을 터득하면 똑같은 정석, 똑같은 패턴의 포석이 다르게 보인다. 돌 하나의 의미와 그것과 연결된 돌들의 의미가 달라진다. 돌들의 연결과 조화를 보는 눈이 생기면 패러다임이 전환된다. 당연히 바둑을 두는 방식도 바뀐다.

패러다임 전환의 위력은 대체로 패배의 경험에서 새로운 생각과 교훈을 받아들일 때마다 체험한다. 부분에 집착하여 대마를 잡고도 패배하는 경험을 하면 전체를 보는 시야가 점차 넓어진다. 형세 판단을 잘못해 좋았던 대국을 망쳐보면 전체 형세에 대한 판단력이 점차 정확해진다. 전투에서 패배해보아야 거기서 전투에 대한 감각이 생긴다. 자신에게 유리했던 상황에서 방심해 경솔하게 돌을 두다가 패배하면 신중함과 집중력의 중요성을 배운다. 그러면서 패러다임 전환의 위력을 경험한다. 바둑은 조금만 늘어도 달라졌다는 것을 스스로 느낄 수 있는 게임이다. 패러다임을 전환하면 그때마다 승률이 높아진다. 승률이 높아지고 시야가 넓어지면 자신감이 커지고 더욱더 적극적으로 패러다임을 전환하게 된다.

패배를 겪고도 생각을 바꾸지 않으면 어떻게 될까? 영원히 바둑 초보자에서 벗어나지 못한다. 패러다임을 바꾸지 않으면 오랜 세월을 바둑판 앞에 앉아 있어도 실력이 늘지 않는다. 바둑은 고정된 사고방식으로는 절대 실력을 키울 수 없다. 패러다임 전환 게임에서 패러다임을 바꾸지 않는데 어떻게 늘겠는가. 그건 높이뛰기 선수가 점프 연습을 하지 않으면서 실력을 올리겠다고 하는 것과 같다.

승리를 위해 최선의 수를 찾는다

바둑에서 한 수 한 수 선택해 돌을 놓는 것은 처음부터 끝까지 오로지 승리라는 목표를 향한 여정이다. 모든 전략 선택의 목표 역시 승리다. 승리를 위해서는 궁극적으로 이길 수 있는 수를 두어야 한다. 부분적으로 좋은 수를 두는 것은 중요하지 않다. 국지적 전투에서 승기를 잡는 것도 큰 의미가 없다. 국지적 전투에서 지더라도 전체적으로 전쟁에서 이기는 것이 중요하다.

상대가 침입하는 것을 예방하면서 내 영토를 지킬 것인지, 상대의 영토에 내가 적극적으로 침입할 것인지도 승패라는 성과 관점에서 결정한다. 승리를 확실하게 확보할 수 있느냐, 유리한 결과를 얻을 수 있느냐가 선택의 조건이다. 최선의 수는 항상 확실하게 이기는 수다. 확실히 지는 수가 최악의 수다. 유리할 때는 승리를 확보할 수 있는 수를 두고, 불리할 때는 확실히 지지 않을 수를 두어야 한다. 그것이 최선의 수다. 모든 선택의 관점은 승리 혹은 유리한 결과를 얻을 수 있는가다.

바둑에서는 상대적으로 중요한 곳, 넓은 곳에 상대방보다 먼저 두어야 이긴다. 그러므로 돌을 놓을 때마다 그 시점에 가장 중요한 곳이 어디인지를 판단해야 한다. 말은 쉬워도 그 판단은 상당히 어렵다. 현재가치가 큰 곳이 중요할 수도 있고 미래가치가 큰 곳이 중요할 수도 있다. 때에 따라 땅을 많이 차지할 수 있는 자리가 가장 중요한 곳이기도 하고, 쌍방 세력의 분수령이 될 만한 잠재력이 큰 거점이 가장 중요한 곳이 되기도 한다. 상대의 침입에 대비해 나의 약한 말을 보강할 수 있는 곳이 가장 중요한 곳일 때도 있다. 때에 따라서 큰 가치를 창조할 수 있는 전략을 선택하는 것이 가장 중요하다. 한마디로 가장 중요한 곳이란 가장 큰 성과와 가치를 창조할 수 있는 곳이다.

큰 성과는 자신의 강점을 활용해 만든다. 따라서 가장 중요한 곳이란 자신의 강점을 활용할 수 있는 영역이다. 전성기의 이창호는 자신의 강점인 계산 영역으로 상대를 끌어들여 승리를 거머쥐었다. 이창호의 강점은 계산력이었다. 이창호가 스승인 조훈현을 압도하고 세계 정상을 차지하자 사람들은 그를 '신산神算'이라고 불렀다. 당시에는 정상급 기사도 한 수의 가치를 정밀하게 계산하지 못했다. 그저 선수先手라면 몇 집, 후수後手라면 몇 집이라고 조건부 기댓값을 계산했다. 그러나 이러한 조건부 기댓값은 정확한 한 수의 가치가 아니다. 왜냐하면, 선수가 될지 후수가 될지 알 수 없는 경우가 많기 때문이다. 그런데 이창호는 한 수의 크기를 분명하게 계산할 수 있었다. 조건부 기댓값 대신 조건 없는 기댓값을 계산한 것이다. 그리고 보이지 않는 두터움의 가치를 계산했다.

이 계산력은 이창호만의 비밀 병기였다. 종반이 되면 보통 큰 곳부터 차례로 두어가야 한다. 그때 어느 한 지점에 돌을 두면 몇 집인지를 확실히 계산해내는 사람과 대략 짐작으로 알고 있는 사람의 승부는 불을 보듯 확실하다. 그래서 초중반에 승부가 명확히 나지 않으면, 계산력이 빼어난 이창호가 절대적으로 유리했다. 따라서 이창호는 초중반에 승부가 결정 나지 않게끔 하는 전략을 펼쳤다. 큰 차이가 벌어지지 않는 한, 자신의 강점인 계산의 영역으로 상대를 끌어들이면 필승이었다.

강점으로 승부를 거는 것은 프로바둑 기사 조훈현이나 이세돌도 마찬가지다. 조훈현이나 이세돌은 깊은 수 읽기와 강한 전투력이 강점이다. 그들은 상대가 누구든 자기 영역으로 끌어들여 유리한 싸움을 펼친다. 일본의 초대 기성棋聖 타이틀을 차지했던 후지사와藤澤秀行도 마찬가지였다. 후지사와는 전성기 조치훈과의 중요한 타이틀전에서 다음과 같이 말했다. "조치훈의 수 읽기 심오함과 정확함에 대해서는 더 말할 필요가 없다. 그러나 바둑에서는 읽어도 다 읽을 수 없고, 또 계산해도 다 계산해낼 수 없는 부분이 많다. 나는 거기에서 싸운다. … 나는 조치훈과 차원이 다른 곳에서 싸운다. 아직 질 것 같은 느낌이 안 든다."

이처럼 바둑은 남들과 차별화된, 강점을 활용해서 싸워야 승리할 수 있다. 따라서 정석이 강한 사람은 어려운 정석을, 전투에 능한 사람은 집짓기보다 전투를 통해 상대를 제압하려 한다. 집짓기에 능한 사람은 집짓기에 집중하고, 끝내기와 계산이 밝은 사람은 종반에 주력해야 한다. 바둑을 두면 자신의 강점으로 승부하는 것이 가장 유리한 전략임을 수없이 경험한다. 그래서 바둑 고수들은 자신의 강점을 잘 알고 있으며, 그 강점을 활용해 성과를 내는 데 집중한다.

바둑은 자신의 강점을 이용해 가장 큰 성과를 만들어내는 게임이다. 강점을 활용할 수 있는 영역이 어디인지 항상 고민하고 가장 중요한 곳부터 돌을 둬 나간다. 그래서 바둑을 두면 성과를 내기 위해 중요한 곳이 어디인지 고민하고 생각하는 습관을 익힐 수 있다.

고정관념을 뛰어넘어라

만 15세에 세계 최연소 우승자가 된 바둑계의 신화적인 인물 이창호는 누구보다 고정관념을 잘 뛰어넘는다. 그의 어릴 때

일화만 보아도 이창호가 얼마나 고정관념으로부터 자유로운 사람인지 알 수 있다.

1983년, 초등학교 2학년 당시 이창호는 프로기사 전영선에게 바둑을 배웠다. 어느 날, 이창호가 [그림 1-1]과 같이 빵따냄을 허용할 상황에 놓였다. 빵따냄이란 돌 한 점을 사방에서 네 수로 포위해 잡는 것을 말한다. 바둑에는 '빵따냄은 30집'이라는 격언이 있다. 빵따냄의 위력이 너무 크니 절대 당하지 말라는 뜻이다. 사실상 빵따냄으로 얻을 수 있는 직접적 가치는 두집이지만 그 위력은 30집 혹은 그 이상에 해당할 정도로 강

[그림 1–1] 빵따냄을 허용할 상황

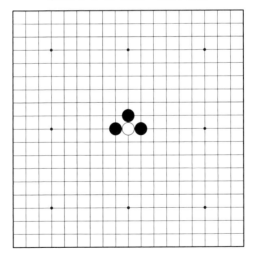

력하다. 그런데 빵따냄을 당할 상황에서 이창호는 그것을 방지하는 수를 즉각 두지 않고 20여 분 동안 생각에 생각을 거듭했다. 그러다 마침내 이창호는 정석대로 빵따냄을 당하지 않을 자리에 돌을 두었다. 게임이 끝난 뒤 전영선이 이창호에게, 다음 수가 너무도 빤한 상황에서 그렇게 긴 시간 동안 무슨 생각을 했느냐고 물었다.

"빵따냄을 허용할 생각을 했어요. 빵따냄을 허용하면 제가 다른 곳에서 두 번 둘 수 있잖아요. 두 번을 두어 다른 곳에서 만들 수 있는 집과 빵따냄의 가치를 비교해보았어요."

이창호는 이 빵따냄의 가치를 정량적으로 정확히 계산해내려 했던 것이다. 왜냐하면, 똑같은 모양의 빵따냄도 위치와 배석에 따라 그 가치가 달라지기 때문이다. 또한, 그는 빵따냄을 허용한 대가로 둘 수 있는 두 수의 가치를 계산했다. 두 수로 빵따냄의 가치보다 더 큰 집을 만들 수 있으면 그것을 허용하려 했던 것이다. 이는 고정관념을 뛰어넘은 새로운 생각이다.

아무도 엄두를 내지 못한, 보이지 않은 질質을 눈에 보이는 양量으로 환산한 이창호의 이 일화를 두고 일부 사람은 어려서 가능했다고 생각한다. 사실 어리다는 것이 큰 도움이 되기는 했을 것이다. 고정된 시각에 사로잡히지 않고 새로운 실험

[그림1-2] 빵따냄을 허용한 상황

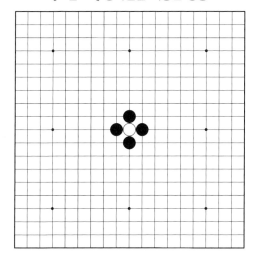

[그림 1-3] 빵따냄을 당한 모습

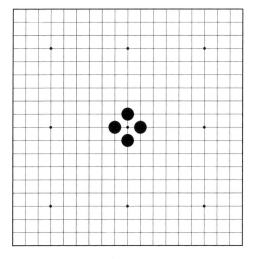

을 하며, 어른들이 당연하다고 생각하는 것에 의문을 갖고 탐구하는 것이 어린이의 특성이니 말이다.

　그러나 이창호가 고정관념을 뛰어넘을 수 있었던 것은 어리기 때문만은 아니다. "나는 처음엔 맞부딪쳐 싸우다가도 곧 물러서고, 나중에는 어쩔 수 없는 경우가 아니면 좀처럼 싸움을 하지 않았다"고 이창호가 밝히듯이, 그는 자신의 강점인 계산력을 활용하기 위해 싸움을 회피했다. 그가 빵따냄의 고정관념을 뛰어넘을 수 있었던 것도 바로 계산력이라는 강점 때문이다. 그는 꾸준히 강점을 발달시켜 계산하기 어려운 질의 바둑을 양의 바둑으로 환산하는 연결고리를 만들어놓았다.

　물론 어릴수록 고정관념을 잘 뛰어넘는다. 아직 머릿속에 편견이 깊이 자리 잡지 않아서 그렇다. 그러나 어리지 않더라도, 결과 중심으로 생각하고 성과 중심으로 생각하면 누구나 고정관념을 뛰어넘을 수 있다. 고정관념을 뛰어넘을 때 패러다임이 바뀐다. 새로운 패러다임으로 바둑판을 보면 보이지 않던 것이 보이고, 부분을 넘어 전체가 눈에 들어온다. 그것이 바둑의 힘이며 바둑이 최고의 패러다임 전환 연습 도구로 꼽히는 이유다.

새로운 패러다임은 새로운 시대를 연다

우칭위안吳淸源은 바둑 역사상 한 시대를 풍미한 중국 출신의 기사로, 평생을 일본에서 활동했다. 바둑계에서는 우칭위안을 기성棋聖이라고 부른다. 기성이란 바둑계의 성인을 뜻한다. 그는 1930년~50년대까지 20여 년 동안 바둑의 일인자였다. 우칭위안이 당대 최고 경지에 오를 수 있었던 것은 패러다임 전환에 뛰어나서였다. 그의 바둑 패러다임은 혁명적이었다.

우칭위안이 등장하기 전까지 당대의 고수들은 귀를 변과 중앙보다 중시했다. 우칭위안 이전의 고수들은 바둑을 집 중심으로 생각했기 때문이다. 그들은 바둑은 두 사람이 똑같이 한 수씩 두는 게임이므로 똑같은 수의 돌로 더 많은 집을 지으면 이긴다고 보았다. 그래서 바둑판의 귀를 중시했다.

귀를 중시한 이유는 이렇다. 아홉 집을 짓는 데 필요한 돌의 개수를 생각해보자. [그림1-4]에서 보듯이 귀 쪽에서는 6개, 변 쪽에서는 9개, 중앙 쪽에서는 12개의 돌이 필요하다. 따라서 귀에 집을 지으면 돌이 가장 적게 든다. 그리고 중앙에서 돌이 가장 많이 든다. 귀 쪽에는 천연의 해자垓字라고 할 수 있는 벽이 두 군데나 있기 때문이다. 반면, 변 쪽에는 천연의 해자가 한군데 있고 중앙에는 해자가 없다. 따라서 [그림 1-5]에서 보듯이 귀부터 선점하는 것, 즉 귀 쪽에 진陣을 치는 것이 최선의 전략이었다.

그러나 우칭위안의 생각은 달랐다. 귀는 확정된 집이라는 측면에서 가치가 크지만, 부분에 편재偏在되고 위치가 낮아서 중앙을 향한 발전력이 떨어진다고 보았다. 오랫동안 당연한 것이었던 '귀 중시 생각'에 반기를 든 것이다. 그는 귀에 진을 치고 굳히는 수는 부분에 치우쳤다고 생각했고, '중앙 중시 생각'을 펼쳤다. 중앙 한가운데인 천원天元은 [그림 1-6]에서 보듯이 집을 짓는 데는 효율성이 떨어지지만, 시너지를 만들기에 가장 좋은 곳이다. 전체로 통하는 중심이라 다른 돌들을 연결하고 시너지를 만들기에 더없이 좋다. 한마디로 교통의 요처고 전장戰場의 고지高地다.

[그림1-4] 돌의 효율성 비교

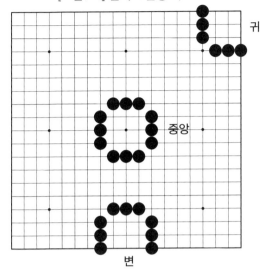

[그림1-5] 귀 중시 생각_소목(小目)

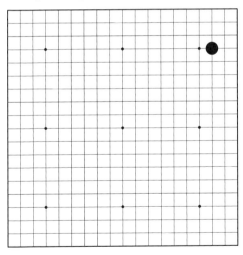

우칭위안은 확실한 실리보다는 중앙을 향한 발전력과 변화 가능성에서 오는 잠재적 이익을 더 중시했다. 부분의 관점이 아니라 전체의 관점으로 생각한 것이다. 그의 패러다임은 옳았다. 이 패러다임으로 그는 당대 최고의 고수가 되었다.

[그림 1-6] 중앙 중시 생각_ 천원(天元)

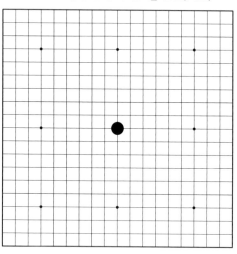

CHAPTER
02

패턴을
읽어라

바둑에 인생과 세계의 전략이 들어 있다.

– 시진핑

왜 패턴이
중요한가?

세상에는 반복되는 현상이 많다. 반복되는 현상을 패턴이라고 한다. 물이 높은 데서 낮은 데로 흐르고, 꽃이 지면 열매가 맺히고, 봄 여름 가을 겨울 계절이 순환하는 것 등이 패턴이다. 우리 몸 안에서도 수많은 패턴을 관찰할 수 있다. 심장으로부터 동맥으로, 동맥에서 정맥을 거쳐 심장으로 피가 돌아오는 혈액 순환과정, 허파로 공기가 들어오고 나가는 과정, 음식물이 소화되는 과정 등이 패턴이다. 음악의 박자와 리듬, 춤의 동작, 시와 소설의 플롯 등 예술의 모든 영역은 패턴으로 구성된다. '콩 심은 데 콩 나고 팥 심은 데 팥 난다', '가는 말이 고와야 오는 말이 곱다' 등 경험을 통해 얻은 지혜를 담은 속담도 패턴 일색이다.

우리가 경험한 수많은 자연현상과 사회현상은 패턴을 알았을 때 의미를 지닌다. 아무리 경험이 풍부하고 축적된 데이터가 많아도 패턴을 알지 못하면 아무 의미가 없다. 반면에 경험이 부족하고 자료가 미흡해도 패턴을 알면 현실을 설명하고 미래를 예측할 수 있다. 그것이 패턴을 알아야 하는 중요한 이유다.

패턴은 미래를 예측하는 힘

우리는 내일도 해가 뜰 것을 의심하지 않는다. 그것도 반드시 해가 동쪽에서 떠서 서쪽으로 질 거라고 믿는다. 무슨 근거로 이것을 의심하지 않을까? 패턴을 알아냈기 때문이다. 해가 동쪽에서 떠서 서쪽으로 지는 일은 헤아릴 수 없이 많은 시간 동안 되풀이되었다. 지구가 생겨난 이래 수없이 되풀이된 이 현상에서 우리는 태양계의 운동 패턴을 찾아냈다. 그리고 이를 근거로 미래를 예상할 수 있게 되었다.

태양계처럼 또 다른 자연현상도 그 패턴을 알면 미래의 모습을 예측할 수 있다. 고대 이집트 사람들은 범람하는 나일 강을 두려워하지 않고 신의 선물로 여겼다. 그들은 홍수에 직접 맞서 싸우지 않았다. 아마 막강한 자연의 힘 앞에 치수治水사업을 벌이기에는 자신들이 너무 무력하다고 생각했기 때문일 것이다. 고대 이집트 사람들은 나일 강이 범람하는 패턴에 맞춰 자신들의 생활 패턴을 바꿨다. 물이 불어나기 시작하면 다른 지역으로 이동해 살다가, 물이 줄어들면 다시 돌아와 씨를 뿌렸다. 물을 머금은 땅은 비옥해서 어느 지역보다 농사가 잘됐다. 그들은 우기가 시작되는 7월부터 물이 서서히 불어나다가 10월이 되면 그 양이 최고에 이르고 그 뒤부터는 점차 줄어든다는 패턴을 알고 있었다.

핵심은 패턴이다

패턴은 수학에서 아주 중요하게 다루는 영역이며, 전 세계 대부분 나라의 학생들은 수학에서 처음 패턴을 배운다. 미국의 MSEB Mathematical Sciences Educating Board에서는 수학을 패턴과 순서의 과학이라고 정의한다. 사실 수학만이 아니라 규칙을 찾고 활용하는 일은 모든 학문의 기초다. 특히 과학은 패턴이 핵심이라고 할 수 있다. 생물 종의 분류와 DNA 구조 연구 등은 모두 숨은 패턴을 밝힌 것이다. 경제학이나 사회학, 인류학 등 사회과학도 자세히 들여다보면 모두 패턴이다. 부富의 원천과 경제성장의 원인을 밝히고 미래를 예측하는 것은 패턴을 파악하는 일이다. 낱말의 형성과 문장의 구조 등을 다루는 언어학도 패턴이다. 선율, 미술, 춤, 문학 등 예술도 패턴이다. 패턴은 모든 학문과 예술 창조의 핵심적 요소다.

삶의 패턴을 읽어 지혜를 얻는다

패턴은 우리가 삶을 살아가는 데 큰 도움이 되는 지혜의 핵심 요소다. '받고 싶은 대로 베풀어라'라는 성경의 말씀도 패턴을 전제로 한다. 내가 원하는 대로 상대방이 행동하도록 하는 가장 좋은 길은 내가 먼저 상대에게 그와 같이 베푸는 일이다. 사람은 자신이 받은 것에 감사하고 감동한다. 그래서 그것을 되갚으려는 행동 패턴을 보인다. 성경의 이 말씀은 내가 원하는 것을 남에게 먼저 베풀면 내가 바라는 세상을 만들 수 있다는 지혜를 말하고 있다. 불가에서는 인생을 '공수래공수거空手來空手去', '생노병사生老病死의 고해苦海'라고 한다. 빈손으로 왔다가 빈손으로 가는 것 그리고 태어나서 늙고 병들어 죽는 것은 삶의 패턴이다. 빈손으로 왔다가 빈손으로 간다는 패턴은 우리에게 욕심부리지 말고 남에게 베풀며 살라는 지혜를 준다.

또 '이기는 것이 지는 것이고 지는 것이 이기는 것이다'라는 역설도 우리에게 큰 깨달음을 준다. 세상에는 작은 경쟁에서 이기고 인생 전체에서 실패한 사례가 많고, 작은 경쟁에서는 패배했지만 인생 전체적으로는 성공한 사례가 적지 않다. 경쟁은 보통 그 자체가 목표가 아니고 수단인 경우가 많기 때문이다. 작은 경쟁에서 이기고 인생 전체에는 실패한 패턴은 우리에게 인생을 승리냐 패배냐의 관점이 아니라 더 큰 안목으로 바라보라는 교훈을 준다. 패턴을 파악하면 삶의 지혜를 배울 수 있다.

새로운 패턴 창조로 혁신을 꿈꾼다

패턴은 비즈니스에서도 핵심적 요소며 혁신의 열쇠다. 유니레버 화장품 브랜드인 도브는 2000년대 들어서 브랜드 이미지를 혁신하기 위해 13개국 16~84세 사이의 여성 4,100명을 대상으로 설문조사를 했다. '미에 대한 진실The Real Truth about Beauty: A Global Report'이라는 주제였다. 조사결과, 2%의 여성을 제외한 98%의 여성은 자신을 아름답지 않다고 여기고 있었다.

도브 글로벌 브랜드 임원인 실비아 라그나도Silvia Lagnado는 이 조사결과를 보며, 화장품 업계의 불문율처럼 통용되는 광고 패턴을 깨야겠다고 생각했다. 화장품 업계에서는 미인을 모델로 써서 일반인의 동경심을 자극하는 전략이 주류였다.

도브는 2003년, 이 고정관념을 부수고 '나이, 체격, 피부색 등과 상관없이 자신을 가꾸는 모든 여성은 아름답다Every woman is beautiful'는 리얼 뷰티Real Beauty 캠페인을 펼쳤다. 그리고 유명 모델 대신 평범한 여성의 모습을 광고에 담았다. 96세 여성의 웃는 모습에 'Wrinkle? Wonderful?'이라는 문구를 달고, 살찐 여성의 모습에 'Fat? Fit?'이라는 문구를 다는 등 주름진 여성이든 살찐 여성이든 모두 아름답다는 메시지를 강조했다.

2006년에는 평범한 일반인 여성을 전문 화장으로 변신시켜 사진을 찍은 뒤 컴퓨터로 사진 보정을 하는 과정을 광고로 제작했다. 그리고 영상의 마지막에 '의심할 여지 없이 아름다움에 대한 우리의 인식은 왜곡되어 있다No wonder our perception of beauty is Distorted'라는 문구를 넣었다.

그리고 2013년, 도브는 FBI 몽타주 전문가 길 자모라Gil Zamora를 섭외해 여성을 직접 보지 않고 설명만 들으며 그 여성의 얼굴을 그리게 했다. 첫 번째는 모델이 자신의 외모를 설명하고 두 번째는 다른 사람이 그 모델의 외모를 설명해 총 두 장을 그렸다. 그러자 놀랍게도 타인이 묘사한 몽타주의 얼굴이 훨씬 아름다웠다. 도브는 이 리얼 뷰티 스케치 영상을 공개하며 '당신은 당신이 생각하는 것보다 아름답다You are more beautiful than you think'는 메시지를 전달했다.

이렇게 10년 이상 진행하고 있는 도브의 리얼 뷰티 캠페인은 기존의 광고 패턴을 깨고 새로운 광고 패턴을 창조했다. 리얼 뷰티 웹사이트에는 수백만 명이 접속했고, 유튜브에 올린 동영상은 열흘도 안 돼 조회 수 300만 회를 넘어섰다. 소비자가 스스로 광고를 찾아보는 새로운 현상을 만들어낸 것이다. 이는 소비자가 광고를 자발적으로 보지 않던 것과는 다른 현상이었다.

패턴 인식은 모든 학문과 예술은 물론 비즈니스에서도 창조의 첫걸음이다. 패턴을 모르면 창조적 성과를 만들 수 없다. 패턴을 인식하고 새로운 패턴을 만드는 것이 창조와 혁신의 열쇠다.

패턴 창조의
위력

창조와 혁신의 주춧돌이자 성공의 열쇠가 되는 패턴. 미래를 예측할 수 있게 하고 삶의 지혜를 주는 패턴. 그러나 그것은 패턴을 인식하고 활용할 때 가능하다. 구슬이 서 말이라도 꿰어야 보배가 되듯이 패턴이 존재해도 그걸 알아보지 못하면 아무 성과도 만들어낼 수 없다.

성공과 실패를 가르는 패턴

독일의 천문학자 요하네스 케플러Johannes Kepler는 행성 운동의 법칙을 발견한 것으로 유명하다. 어릴 때 천연두를 앓았던 케플러는 평생 눈이 나빠 천체 관측을 하지 못했다. 그런 그가 어떻게 '행성은 태양을 중심으로 타원형의 궤도를 그린다'는 등의 '케플러 법칙'을 만들 수 있었을까?

1600년 개신교 추방령으로 프라하로 간 케플러는 그곳에서 티코 브라헤Tycho Brahe를 만나 그의 조수가 되었다. 브라헤는 망원경도 없던 시대에 맨눈으로 가장 정밀한 천체관측을 해낸 천문학자다. 그는 카시오페이아자리 부근에서 새로운 별을 발견하는 등 천체관측에 관해 그 시대 누구보다 뛰어났고, 방대한 관측 자료를 가지고 있었다. 그러나 그는 지구는 태양을 중심으로 돈다는, 코페르니쿠스Nicolaus Copernicus의 태양중심설을 끝내 받아들이지 않았고 우주의 운행법칙을 깨닫지 못한 채 생을 마감했다. 브라헤의 관측 자료를 물려받은 케플러는 수학적으로 자료를 분석해 우주의 운행 패턴을 찾아냈다. 그것이 유명한 케플러의 3법칙인 타원의 법칙, 동일면적의 법칙, 조화의 법칙이다.

케플러가 찾아낸 패턴은 지동설을 확고히 하는 근거가 되었고, 뉴턴이 만유인력을 발견하는 초석이 되었다. 이 위대한 발견이 바로 케플러와 브라헤를 갈랐다. 과학에 관심이 없는 사람도 케플러는 알지만, 브라헤는 잘 모른다. 이 위대한 발견을 브라헤는 왜 하지 못한 걸까? 보석을 가졌으면서도 보석인 줄 모르는 이가 브라헤뿐일까? 브라헤와 케플러의 차이는 '패턴의

발견'이다. 위대한 과학자, 예술가, 성공한 사업가 등은 모두
패턴을 발견하거나 창조한 사람이다.

패턴에서 새로운 아이디어가 나온다

패턴의 발견은 어떻게 이루어질까? 패턴을 발견하기 위해 중
요한 것은 반복되는 어떤 현상을 다른 현상과 연관해 파악하
는 일이다. '사계절이 순환한다'는 패턴은 봄 여름 가을 겨울이
라는 계절을 시간의 흐름과 연관해 파악한 것이다. 또, '해가
동쪽에서 떠서 서쪽으로 진다'는 패턴은 해가 뜨고 지는 현상
을 방향과 연관해 파악한 것이다. 이처럼 패턴을 발견하는 것,
패턴을 인식하는 것은 어떤 현상을 독립된 현상으로 보지 않고
다른 현상과 연결해 서로 다른 현상 사이의 연관성 혹은 인과
관계를 찾아내는 일이다.

새로운 이론과 아이디어는 대부분 패턴을 찾아내는 데서부터
출발한다. 다윈의 진화론도 패턴의 발견에서 시작되었다.

찰스 다윈Charles Robert Darwin은 아버지의 뜻에 따라 의사가
되려고 에든버러대학에서 의학 공부를 했으나 수술 과정을 견디
지 못해 그만두었다. 다시 목사가 되기 위해 케임브리지대학 신

학부에 들어갔지만, 신학에도 흥미를 느끼지 못했다. 어릴 때부터 조개껍데기나 광물을 모으고 들여다보는 걸 좋아했던 그는 대학 시절 내내 전공과 무관한 지질학과 박물학을 연구했다. 그런 그에게 1831년, 해군 측량선 비글호를 타고 남태평양으로 떠나 그곳의 동식물과 지질을 조사할 기회가 왔다. 다윈은 1836년 영국으로 돌아오기까지 5년 동안 남태평양 갈라파고스 제도에서 많은 동식물을 보고 연구하며 패턴을 찾아냈다.

한 예로 그는 갈라파고스 제도에 사는 핀치새의 부리가 여러 가지 모양이라는 것을 발견했다. 작은 나무 구멍 속 벌레를 잡아먹는 핀치새는 부리가 길고 가늘고, 씨앗을 부숴 먹는 핀치새는 부리가 크고 딱딱하며, 과일이나 꽃을 따먹는 핀치새는 부리가 굵다는 것을 알아냈다. 다른 사람이 무심코 지나친 핀치새의 부리 모양에서 패턴을 찾아낸 것이다.

그리고 더 나아가 벌레를 잡아먹고 사는 환경 속에서 부리가 딱딱해진 핀치새 즉 진화한 종種은 살아남고, 환경에 적응하지 못한 종은 도태된다는 패턴을 발견해냈다. 한 생명체의 과거에서 패턴을 찾아 모든 생명체의 미래를 예측한 것이다. 그것을 다윈은 『종의 기원』에 담아 진화론을 증명했다.

패턴을 파악하면 실마리가 보인다

칼 프리드리히 가우스Carl Friedrich Gauss가 위대한 수학자로 이름을 남긴 것은 이미 존재하는 패턴 속에서 다른 패턴을 발견하는 능력이 뛰어나서였다. 어린 시절 가우스는 1부터 100까지의 합을 구하라는 문제를 받았는데 잠깐 사이에 정답을 알아냈다. 어떻게 그것이 가능했을까? 초능력이라도 가지고 있었던 것일까? 아니다. 이것이 가능했던 이유는 가우스의 탁월한 패턴 인식능력 때문이었다.

가우스는 0에서 100까지의 합을 구하기 위해서 먼저 0부터 100을 일렬로 세운다고 생각했다. 이어서 양쪽 끝에서 숫자 하나씩을 차례로 더하면 100이 된다는 점에 착안했다. 즉 0+100=100, 1+99=100, 2+98=100…, 이런 식으로 양쪽 끝에서 좁혀오면 마지막에 49+51=100이 된다. 결국, 100이 50번 나오고 짝을 만들지 못한 50이 남는다. 100이 50개 그리고 50이 1개이므로, 모두 더하면 답은 5050이 된다. 이처럼 1부터 100까지 1씩 증가하는 수의 패턴을, 가우스는 양 끝의 합이 100으로 같은 새로운 패턴으로 인식한 것이다.

이처럼 새로운 패턴을 파악하면 복잡한 문제가 단순해지고, 어려웠던 문제가 쉽게 해결된다. 또한, 새로운 패턴을 발견하면 더욱 발전된 이론과 새로운 학파를 탄생시키기도 한다. 경제학의 한계이론과 한계효용학파의 탄생도 새로운 패턴의 발견에서 시작되었다.

근대 경제학의 아버지 아담 스미스Adam Smith는 상품의 가격은 그 상품을 만드는 데 들어간 노동의 양에 비례한다고 보았다. 이것이 노동가치가 가격을 결정한다는 '노동가치설'이다. 노동가치설은 언제 어디서나, 생산하는 데 많은 노동이 들어간 재화는 비싸고 적은 노동이 들어간 재화는 싸다는 패턴에 근거하고 있다.

그런데 스미스는 세상에 노동가치설로 설명할 수가 없는 재화가 있다는 것을 발견했다. 어떤 재화는 사용가치가 대단히 크지만 가격이 매우 낮고, 반대로 어떤 재화는 사용가치는 낮지만 가격이 높은 것도 있었다. 이것이 '다이아몬드-물'의 역설이다. 물은 생명 유지에 없어서는 안 되는 사용가치가 대단한, 중요한 재화임에도 매우 싸다. 반면에 다이아몬드는 없어도 생활에 큰 불편이 없고 기호품으로 쓰이는 경우가 대부분이지만 가격이 비싸다.

보통 사용가치가 큰 재화의 경우 많은 노동이 투입되는 경향이 있다. 하지만 다이아몬드가 비싼 것은 그것을 캐는 데 들어간 노동량 때문이 아니다. 광산마다 차이가 있겠지만 대체로 다이아몬드 생산비는 판매 가격에 훨씬 못 미친다. 따라서 노동가치설로는 왜 다이아몬드는 비싸고 물은 거의 공짜인가를 설명할 수 없다. 다이아몬드-물의 역설은 노동가치설에 들어맞지 않는 반례反例인 것이다.

그렇다면 왜 다이아몬드는 비싸고 물은 거의 공짜일까? 이를 설명하려면 상품의 가격을 노동가치설과 다른 새로운 관점에서 바라봐야 한다. 그리고 새로운 관점을 갖기 위해서는 상품 가격에 관한 보다 깊은 이해가 필요하다.

우선 물의 사용가치를 생각해보자. 우리가 하루에 물 열 잔을 마신다고 가정할 때, 그 가운데 첫 번째 잔의 사용가치는 매우 크다. 한 잔의 물도 마시지 않으면 우리는 생명을 유지할 수 없기 때문이다. 그러나 아홉 잔의 물을 다 마신 다음, 마지막 남은 열 번째 잔의 물은 사용가치가 거의 없다. 마시지 않아도 별 지장이 없기 때문이다. 첫 번째 잔의 물을 마실 때와 마지막 잔의 물을 마실 때는 상황이 크게 다르다. 사람은 물과 같이 마지막marginal 단위마지막 한 잔의 물의 추가 소비에서 얻는 사용가치가 크지 않을 경우, 이 마지막 한 단위의 소비에 높은 가격을 치르려 하지 않는다. 하지만 다이아몬드처럼 마지막 한 단위의 추가 소비에서도 얻는 사용가치가 큰 경우에는 높은 가격을 치른다.

물의 전체 소비량열 잔의 물에서 얻는 총 사용가치는 막대하다. 그러나 마지막 물 한 잔에서 얻는 사용가치는 0에 가깝다. 따라서 물의 가격은 거의 제로가 된다. 다이아몬드의 전체 소비량에서 얻는 총 사용가치는 물에 비하면 크지 않다. 하지만 다이아몬드는 마지막 한 단위의 소비량에서 얻는 사용가치가 마지막 잔의 물에서 얻는 사용가치보다 훨씬 크다. 따라서 다이아몬드는 비싸게 거래된다.

이것이 가치 결정에 관한 새로운 패턴, 새로운 관점이다. 새로운 관점은 재화의 마지막 단위에서 소비자가 얻는 가치가 가격을 결정한다고 본다. 새로운 관점으로 보면 상품 가격은 노동투입량 즉 생산비로 결정되는 것이 아니며 상품의 총 사용가치와도 상관이 없다. 상품 가격은 마지막 잔의 소비에서 얻는 가치일 뿐이다. 물값이 싼 것은 물의 총 가치가 낮아서가 아니라 마지막 물 한 잔의 한계가치marginal value가 낮기 때문이다. 상품의 가격은 수요와 공급으로 결정될 뿐이다. 이것은 상품의 필요성이나 중요도의 관점이 아닌 한계가치의 관점에서 새로운 패턴을 찾은 것이다.

다이아몬드-물의 역설이 풀리기까지 애덤 스미스 이후 100년 이상의 세월이 흘렀다. 이 새로운 관점은 19세기 후반 윌리엄 스탠리 제본스William Stanley Jevons, 칼 멩거Carl von Menger 등의 한계효용학파가 제시했다. 이들이 제시한 '마지막 단위', 즉 '총total'이 아닌 '마지막marginal'이란 새로운 관점은 경제학에 한계혁명marginal revolution을 불러일으켰다. 한계혁명 이후 수학의 미분과 적분 개념은 경제학의 분석 도구가 되었고 이에 따라 소비자 행동이론, 기업 행동이론과 후생 경제이론 등 경제학의 모든 분야에서 새로운 장이 열렸다.

비즈니스에서도 패턴이 활용된다

패턴은 수학, 과학, 경제학을 비롯한 학문에서뿐만 아니라 비즈니스에서도 활용된다. 백화점 등의 쇼핑몰에서 쇼핑하다 보면 그 매장의 단골손님이 아닌 사람에게도 유난히 원하는 상품을 콕콕 골라 추천하는 판매원이 있다. 그런 판매원을 만나면 티셔츠만 사려던 계획과 달리 바지까지 사게 된다. 집으로 돌아와서도 충동구매를 했다는 생각이 들지 않고, 합리적 구매를 했다는 생각에 기분이 좋다. 그런데 그 판매원은 나의 취향을 어떻게 알았을까?

그 판매원은 많은 판매경험을 통해 손님을 패턴화한 것이 분명하다. 매장에 들어서는 손님의 옷차림, 나이, 찾는 물건 등을 기본 정보로 손님의 취향과 재력을 추측하고, 그에 맞게 상품을 추천한 것이다.

이처럼 구매자를 패턴화해서 상품을 추천하는 것은 오프라인 매장에서만 일어나는 일이 아니다. 온라인 쇼핑몰에서는 더욱 조직적이고 세부적으로 구매자를 패턴화한다. 온라인 서점에서 책을 한 권 골라 장바구니에 담아보자. 그러면 바로 그아래 이 책을 구매한 사람들이 함께 구매한 책 목록이 뜬다. 한마디로 이 책을 산 사람들은 다음과 같은 책도 좋아할 것이라고 고객을 패턴화한 것이다.

온라인 쇼핑몰에서 날마다 보내는 상품 추천 메일의 내용은 고객에 따라 다르다. 신발을 주로 구매한 고객에게는 신발 세일 정보나 신상품 신발 정보를 보내고, 건강식품을 주로 구매한 고객에게는 그것과 관련된 상품 정보 메일을 보낸다. 이 같은 사례는 비즈니스에서 소비자 행동 패턴을 파악하는 것이 얼마나 중요한가를 말해준다.

성공한 경영인은 소비자가 찾는 상품의 디자인과 품질 등 상품 패턴은 물론, 소비자의 구매 이력과 웹서핑 목록을 추적해서 소비자의 구매욕을 자극하는 상품의 패턴을 찾으려 한다. 이처럼 우리의 일상생활을 들여다보면 패턴이 무궁무진하게 활용되고 있다.

패턴으로 읽는 메가 트랜드

패턴은 학문과 비즈니스뿐 아니라 미래의 메가 트랜드를 파악하는 데도 유용하게 활용된다. 패턴을 파악하면 미래의 흐름을 읽고 미래를 내다볼 수 있다.

2012년 3월, 뉴욕타임즈에 '소유의 시대'에서 '접속과 공유의 시대'로 이동하고 있는 사회의 트랜드 변화에 주목한 기사가 실렸다. 이 기사는 데이터와 설문조사 결과를 통해 1998년에서 2008년까지 10년 동안 젊은이들의 차량소유와 인터넷 접속에 관한 선호가 어떻게 변했는지를 보여줬다. 그 내용은 다음 4가지로 요약할 수 있다.

① 18~24세의 운전자에게 차량소유와 인터넷 접속 중 어느 것을 더 선호하느냐고 물었더니, 응답자의 46%가 인터넷 접속을

선호한다고 대답했다.

② 19세 이하 청소년의 자동차 운전면허 취득비율이 크게 감소했다. 1998년 64.4%였던 운전면허 취득비율이 2008년에는 46.3%로 감소했다.

③ 1981년에서 2000년 사이에 태어난 소비자에게 31개의 기업 브랜드를 제시하고 가장 선호하는 브랜드를 묻자 구글 등 인터넷 기업을 주로 꼽았다. 상위 열 개 브랜드 안에 자동차 브랜드는 하나도 없었다.

④ 2012년 약 80만 명이 차량 공유 서비스에 가입했다.

　이 조사결과를 통해 우리는 신세대의 자동차 이용 패턴을 파악할 수 있다. 그리고 자동차 소유의 시대에서 자동차 공유의 시대로 사회가 이동하고 있다는 것을 알 수 있다. '미래는 자동차 공유의 시대'라는 새로운 패턴을 알면 다른 조건이 바뀌지 않는 한 미래에는 차량보유 대수가 감소하리라는 것을 예측할 수 있다. 공유의 시대에는 교통수단과 여행방식이 바뀔 것이다. 자전거나 도보, 대중교통의 이용이 늘 것이다. 따라서 승용차의 1인당 평균 운행거리도 감소할 것이다. 페이스북이나 트위터 등 사회적 공간의 활용은 더욱 늘어날 것이다.

이렇게 패턴을 알면 앞으로 어떤 산업이 뜨고 질지를 예측할 수 있다. 미래에 새롭게 부상할 사업도 알아차릴 수 있다. 사람들의 생활방식이 어떻게 달라질지도 읽을 수 있어서 되고자 한다면 부자가 되는 길로 들어설 수 있다.

부를 가져다주는 패턴

'작은 부자는 땀으로 되나 큰 부자는 하늘이 낸다'는 말을 흔히 한다. 그러나 패턴을 이해하면 큰 부자가 되는 길도 눈에 보인다. 큰 부자는 패턴이 만든다. 부모에게 재산을 물려받거나 복권당첨 등으로 일확천금을 얻은 경우가 아닌, 오롯이 자신의 힘으로 큰 부를 만든 사람들의 비결은 무엇일까?

많은 사람이 성실함과 남다른 노력이 그 비결일 거라고 생각한다. 그러나 일반인보다 만 배 재산이 많은 부자들이 꼭 일반인보다 만 배 열심히 일하는 것은 아니다. 누구에게나 공평하게 하루 24시간이 주어진다. 빌 게이츠, 워런 버핏과 같은 억만장자에게도 똑같이 하루는 24시간이다. 누구에게만 특별히 더 많은 시간이 주어지지는 않는다. 그러기에 그들이 보통 사람들보다 만 배 더 열심히 일하려고 해도 물리적 시간상 불가능하다. 세상에는 열심히 노력하고도 실패한 사람이 많다. 평생을 부지런히 일하고도 생계에 곤란을 겪는 사람도 수없이 많다. 부지런하다고 돈을 많이 모을 수 있는 것은 결코 아니다. 보통 사람들이 그렇듯 부지런한 사람도 부자가 되는 것은 낙타가 바늘구멍에 들어가기만큼 어렵다.

저축을 많이 하면 부자가 될까? 그렇지 않다. 토마스 에디슨은 젊은 시절 돈을 모아본 적이 없다. 돈을 벌면 모두 책과 실험 재료를 사는 데 썼지만 그럼에도 그는 부자가 되었다. 그렇다면 부동산이나 우량 주식 등에 투자하면 부자가 될까? 어느 정도 이익은 얻겠지만 높은 수익을 기대할 수는 없다. 남들이 다 아는 투자처에서는 큰돈이 생길 수 없다.

제로-섬 사회zero-sum society를 주창해 미래학자로 명성을 날린 매사추세츠공과대학MIT 경제경영학부 교수인 레스터 서로Lester Thurow는 급격한 변화와 불일치가 일어나는 상황에서 기회에 투자하는 것이 부자가 되는 길이라고 안내한다. 큰 변화가 일어나는 상황에서 남보다 먼저 기회를 보고 그 기회에 투자하는 것이 부자가 되는 비밀이자 패턴이다. 기존 경쟁시장인 레드 오션red ocean에서 경쟁하지 않고 블루 오션blue ocean을 개척한 사람들이 바로 큰 부자가 된다. 그들은 경쟁자를 이기는 데 투자하지 않고 새로운 시장공간을 구성해 고객가치를 창조한 사람들이다.

미국의 석유 왕 존 록펠러John Davison Rockefeller는 블루 오션을 개척해 부자가 된 가장 대표적인 인물이다. 1850년, 펜실베이니아에서 유전이 발견되며 미국에는 석유 유전 투기 붐이 일었다. 천연 석유는 태우면 고약한 냄새를 풍기고, 인화성 가스를 포함하고 있어 그대로 사용할 수 없었다. 천연 석유를 어디에 어떻게 활용할지 불확실했지만 그럼에도 이것이 새로운 에너지원이 되리라는 생각에 많은 사람들이 유전을 사들였다.

이때 존 록펠러는 원유 시추시장이 아닌 정제시장에 큰 기회가 있다고 보았다. 원유에서 가스와 태울 때 나는 고약한 냄새를 제거하면 좋은 상품이 될 수 있다고 생각한 것이다. 그래서 록펠러는 증류소에서 일한 경험이 있는 사무엘 안드루스Samuel Andrews를 영입해 원유 정제소를 열었다.

결과는 대성공이었다. 엄청난 수요에, 록펠러는 곳곳에 정제소를 건설하며 사업을 확장했다. 그리고 1870년, 32세에 스탠더드오일을 창립했다. 록펠러는 정제시장이라는 기회를 남보다 먼저 보고, 그 기회에 먼저 투자했다. 이 선택으로 세계 최고의 부자가 되었다.

인공지능의 핵심 원리

미국 뉴욕의 메모리얼 슬론케터링 병원에는 '왓슨 종양내과'가 있다. 의사들은 병명을 명확히 진단할 수 없는 환자들을 이곳으로 보낸다. 왓슨 종양내과에서는 IBM 슈퍼컴퓨터 왓슨Watson이 환자를 진단한다. 왓슨은 환자의 증세와 검사 결과 등을 바탕으로 패턴을 파악하고, 그 패턴과 연결고리가 있는 수백만 편의 논문과 임상실험 자료 등을 바탕으로 병명을 확증한다. 그리고 그와 같은 방식으로 치료법을 제시한다.

IBM 왓슨은 메모리얼 슬론케터링 병원뿐만 아니라 듀크 암 연구소 등 세계적인 암 전문 병원 및 연구소와 협력하고 있다. 2014년 미국 종양학회가 발표한 자료에 따르면 왓슨의 암 진단율 정확도는 82.6%다. 대장암 98%, 직장암 96%, 췌장암 94%, 자궁경부암 100%로 인간 의사보다 정확도가 높을 뿐만 아니라 속도도 월등히 빠르다.

IBM 왓슨과 같은 인공지능 기술은 의료산업은 물론 금융 산업과 교육 부문 등 이제 우리 생활 속에서 점점 그 역할이 커지고 있다. 구글, 아마존, 페이스북 등 IT 기업은 인공지능 기술 가운데서도 빅데이터를 분석해 미래를 예측하는 기술인 머신러닝과 딥러닝에 엄청난 투자를 하고 있다. 머신러닝과 딥러닝이 미래를 이끌 핵심 기술이기 때문이다.

세계 최고의 바둑 고수 이세돌과 겨뤄 이긴 구글의 인공지능 알파고AlphaGo는 인공지능이 사람처럼 스스로 학습하는 딥러닝 기술을 이용해 만들었다. 알파고AlphaGo는 방대한 데이터를 이용해 사람처럼 스스로 판단하고 학습한다. 수많은 데이터 속에서 패턴을 찾아내고 스스로 새로운 패턴을 창조하기 때문에 그것이 가능하다. 한마디로 인공지능의 핵심은 패턴의 발견과 창조라고 할 수 있다.

이것을 역으로 생각하면 사람의 지능, 사고 역량의 핵심도 패턴의 발견과 창조라는 것을 의미한다. 방대한 데이터를 담아놓아도 컴퓨터가 그것에서 패턴을 찾고 창조하지 못하면 알파고나 왓슨과 같은 역할을 기대할 수 없다. 단순한 검색 프로그램으로 그치고 만다. 사람도 마찬가지다. 엄청난 지식을 갖고 있어도 패턴을 발견하고 창조하는 능력이 없으면 사회에서 그의 자리는 좁다. 성공 가능성이 거의 없다. 패턴의 발견이 창조적 사고의 핵심이고, 성공의 필수 조건이다.

패턴 창조를 위한
방법

   패턴은 숨겨진 보물처럼 분명히 존재하지만 아무나 찾을 수는 없다. 두드리는 자에게 문이 열리듯 찾으려고 탐구하는 자에게만 보인다. 훌륭한 예술가와 과학자는 패턴을 인식하는 능력이 탁월하다. 과학자나 예술가가 패턴을 어떻게 발견하고 만들어내는가를 보면 놀랄만한 공통점이 존재한다. 이는 패턴을 발견하고 만드는 데도 패턴이 있다는 것을 말한다. 그들은 대체로 관찰, 연결, 유추, 반증을 통해 패턴을 발견하고 창조한다.

관찰을 통한 패턴 창조
   해가 동쪽에서 떠서 서쪽으로 진다는 사실이나 다윈이 갈라파고스 제도에서 핀치새 부리의 변이를 알아낸 것 같은 패턴 인식은 모두 관찰에서 시작된다. 과학적 발명과 발견은 관찰을 통한 패턴 창조가 키워드다.

1497년 7월 8일 바스코 다 가마Vasco da Gama는 4척의 배에 168명의 선원을 태우고 리스본을 떠나 인도로 향했다. 이 배는 아프리카 대륙을 돌아 5월 20일에 인도 캘리컷에 닿았다. 이로써 바스코 다 가마는 대서양의 포르투갈과 인도양의 인도 사이의 바닷길을 최초로 개척한 항해사가 되었다.

인도로 갈 때는 순풍이 불어 바스코 다 가마 선단의 항해는 순조로웠다. 그러나 포르투갈로 돌아오는 길은 달랐다. 역풍이 불어, 갈 때는 23일 만에 건넌 인도양을 3달에 걸쳐 건너야 했다. 그 바람에 선원들은 제대로 먹지 못했고, 괴혈병에 걸려 죽어갔다. 그 당시 괴혈병은 원인을 알 수 없는 죽음의 병이었다. 배 안에서 유독 많이 발병하고 선원들이 동시에 앓았기 때문에 사람들은 바다 습기 때문에 생기는 전염병이라고 생각했다.

그런데 배가 모잠비크에 도착하자 선원 몇 명이 오렌지를 먹고 괴혈병에서 회복되었다. 바스코 다 가마는 그걸 보고 모잠비크의 맑은 공기 덕분에 괴혈병이 나았다고 생각했다. 잘못된 관찰로 인과관계가 성립하지 않는 패턴을 만든 것이다. 당연히 잘못된 패턴으로는 괴혈병을 예방할 수도 치료할 수도 없었다.

그로부터 한참 세월이 흐른 1617년, 영국 의사인 존 우달 John Woodall은 바스코 다 가마 선단의 항해일지에서 괴혈병에 관한 기록을 보고 '오렌지'에 주목했다. 그는 괴혈병에 걸린 사람이 오렌지나 레몬 등의 과일을 먹고 회복했다는 패턴을 발견했다. 그래서 괴혈병 예방제로 레몬주스를 권했다.

존 우달이 발견한 이 패턴은 1747년에 이르러서야 임상실험 결과에 의해 입증됐다. 스코틀랜드 해군병원의 의사인 제임스 린드James Lind는 괴혈병의 또 다른 패턴을 발견했다. 항해 중에 선원들은 대부분 괴혈병에 걸리지만 선장이 걸리는 경우는 극히 드물다는 사실이었다. 린드는 이 패턴에 착안해, 선장과 선원들의 식단을 비교 분석했다. 분석결과, 감귤류의 과일이 괴혈병 예방과 치료에 효과가 있을 것으로 확신했다.

린드는 장기간 항해로 괴혈병을 심하게 앓고 있는 선원 12명을 뽑아 6개 그룹으로 나누었다. 그리고 그들에게 동일한 식사를 제공하면서 보조식품만 그룹 별로 달리하는 임상실험을 시작했다. 그룹 별로 달리한 보조식품은 사과주스, 묽은 황산, 식초, 마늘 등의 허브, 바닷물 한 컵, 오렌지 두 개와 레몬 한 개였다. 실험 결과, 오렌지 두 개와 레몬을 먹은 그룹은 괴혈병에서 빠르게 회복했다. 이렇게 해서 감귤류 과일이 괴혈병의 예방제가 된다는 주장이 예방의학에서 일반적으로 받아들여졌다.

연결을 통한 패턴 창조

패턴과 패턴을 연결하거나 조합하면 새로운 패턴을 창조할 수 있다. 이때 패턴은 이미 존재하는 단순한 요소일 수도 있고 다른 분야에서 활발히 사용되는 패턴일 수도 있다. 가령 오페라는 음악과 연극을 연결해 만들었다. 그러나 이제 오페라라는 장르는 음악, 연극과는 별개의 새로운 예술 패턴이다. 루트비히 판 베토벤Ludwig van Beethoven의 교향곡 9번 '합창'은 이미 존재하는 기악곡 양식인 교향곡에 성악을 연결한 것이다. 베토벤은 4악장에 당시로서는 파격적인 합창을 삽입했는데, 이 역시 연결을 통한 새로운 패턴 창조다.

또한 패턴과 패턴의 연결은 발명으로 이어진다. 발명이란 일반적으로 이미 존재하는 부품알려진 패턴을 새로운 방법으로 조립하는 과정이다. 아담 스미스는 "발명가는 전혀 연관이 없어 보이는 물체를 연결하는 능력을 가진 연결가"라고 했다.

산업혁명기에 공학자이자 발명가인 로버트 풀턴Robert Fulton
은 증기기관과 배를 연결해 증기선을 만들었다. 증기기관은 개
발되자마자 자동차와 기차의 동력으로 사용되었지만, 로버트
풀턴이 배의 동력으로 사용하기 이전까지 30여 년 동안 아무도
배와 증기기관을 연결할 생각을 하지 못했다. 증기선의 발명은
증기라는 동력과 배를 연결한 새로운 패턴이었다.

1950년대 중국계 미국인인 왕안王安은 타이프와 디스플레이
장치, 초보적 컴퓨터 세 가지를 결합하여 워드 프로세스를 만
들었다. 워드 프로세스의 등장은 업무 현장의 작업 효율을 크
게 높여주었다.

경제학자 조지프 슘페터Joseph Alois Schumpeter는 혁신의 비
결을 연결이라고 했다. 혁신의 본질은 서로 다른 분야의 지식
이나 아이디어를 조합하고 연결하는 것이다. 연결이 이루어지
면 새로운 상품과 서비스가 만들어지고 생산방식과 과정이 달
라진다. 거기서 블루 오션이 만들어진다. 1984년 캐나다 퀘벡
주에서 거리 공연가가 만든 태양의 서커스Cirque de Soleil는 서커
스의 혁신이었다. 서커스는 동물 곡예 쇼라는 패턴을 깨고, 곡
예에 연극과 뮤지컬을 결합했다. 그 결과 서커스에 시큰둥했던
관객들이 열광했으며, 언론은 이 공연이 서커스를 종합예술의

반열에 올려놓았다고 극찬했다.

유추를 통한 패턴 창조

이미 알려진 패턴의 원리를 다른 분야에 적용할 때 새로운 패턴이 만들어지기도 한다. 다윈이『종의 기원』에서 주장한 생존경쟁이론은 정치경제학자 토머스 맬서스Thomas Malthus의 인구결정원리를 생태계에 유추 적용하여 찾아낸 새로운 패턴이라고 볼 수 있다.

맬서스는 1798년 인구론An Essay on the Principle of Population을 발표했다. 이 인구론의 핵심내용은 '식량자원이 인구를 결정한다'는 것이었다. 식량이 부족하면 인구가 감소하고 식량이 풍부하면 인구가 증가한다는 단순한 원리다. 식량이 부족하면 부자나 건강한 사람보다 가난하고 병약한 사람이 사망할 가능성이 크다. 그것은 가난하고 병약한 사람이 생존에 더 적합하지 않기 때문이라는 게 맬서스의 이론이었다. 다윈은 맬서스의 인구결정원리가 인간 이외의 동식물 개체 수 결정에서도 동일하게 나타난다고 유추하고 그의 이론을 동식물계에 적용했다. 결과적으로 다윈은 자연의 생존경쟁 패턴을 찾아냈다. 생태계에 수많은 생명체가 태어나지만 살아남는 것은 일부이고, 생명체들은 살아남기 위해 생존경쟁을 계속한다. 그리고 생존을 위해 조금이라도 유리한 변이를 한 변종variation은 살아남을 가능성이 더 커진다. 이러한 유추를 바탕으로 다윈은 자연적으로 선택받은 적자適者는 살아남고 적응하지 못한 종種은 멸종하고 만다는 진화론의 핵심 아이디어를 창조했다.

이미 알려진 패턴의 원리를 유추 적용할 수 있는 영역은 매우 넓다. 미국 스탠퍼드대학교 경영대학원 교수였으며 최고의 경영 컨설턴트 가운데 한 사람으로 평가받는 짐 콜린스Jim Collins는 다윈의 생존경쟁과 진화 패턴을 기업 생태계에 적용했다. 그는 백 년간의 기업의 역사와 발전 사례를 분석해, 백 년 동안 쇠퇴하지 않고 번영을 계속해온 기업의 패턴을 연구했다.

짐 콜린스는 자연계에서 환경에 맞춰 돌연변이를 거듭해 진화하는 종이 살아남는 것처럼, 백 년에 걸쳐 번영을 누린 기업은 진화하는 기업이라고 보았다. 진화하는 기업은 끊임없이 새로운 것을 시도한다. 많은 새로운 것을 시도하되 그 중에서 잘되는 것을 선택하여 집중한다. 그렇게 진화하는 기업은 성공적인 돌연변이를 일으켜 살아남은 종처럼 성공적으로 새로운 환경에 적응한다. 짐 콜린스는 자연 생태계에서의 진화 및 적자생

존 원리를 유추 적용하여 성공적인 돌연변이를 만들어낸 기업이 오래 번영한다는 패턴을 찾아냈다.

이처럼 특성 분야의 패턴을 다른 분야에 적용시키면 큰 성과를 얻을 수 있다. 그래서 혁신 기업은 자신의 업무와 관계없는 업종의 성공 사례를 벤치마킹하고, 다른 분야의 우수한 아이디어를 자신의 업무에 적용시키려는 등의 노력을 하고 있다. 유추 적용이 바로 창조적 생각방식이며 창조와 혁신의 도구이기 때문이다.

반증을 통한 패턴 창조

이미 정설인 패턴의 예측이 들어맞지 않을 때 그 패턴은 설득력을 잃는다. 기존의 패턴에 맞지 않는 다른 현상, 즉 반증反證이 나타나면 그것을 설명할 수 있는 새로운 패턴이 필요하다. 새 패턴을 찾아내려면 현상의 본질과 핵심요소를 새로운 관점에서 보다 깊게 이해해야 한다.

계몽주의 시대 프랑스의 정치학자인 몽테스키외Charles de Montesquieu가 주장한 '지리적 위치 결정론'은 국가 간 빈부 격차의 원인을 설명하는 이론 가운데 가장 보편적으로 알려진 이론 중 하나다. 이 이론에서는 지리적 위치가 국가의 빈곤과 부를 결정하는 요인이라고 본다. 가난한 나라의 대부분이 열대지방에 집중되어 있고 잘사는 나라는 온대지방에 분포하고 있다는 사실이 이론의 근거다. 더위 때문에 열대지방 사람들은 게으르고 호기심이 적어 혁신과 창조를 하지 못한다는 것이다. 그래서 생산성이 낮아 가난하다는 주장인데, 아직도 그 이론을 맹신하는 사람들이 꽤 있다.

그러나 조금만 주의 깊게 생각해보면 '열대지방에 위치한 나라는 가난하다'는 패턴의 반례反例를 어렵지 않게 찾을 수 있다. 싱가포르는 열대지방에 위치하지만 가난한 나라가 아니다. 캄보디아 크메르 제국9세기-15세기의 수도였던 앙코르는 열대지방이지만 번영했다. 또한 온대지방에 있는 나라라고 모두 잘살지는 않는다. 우리나라는 현재는 경제대국에 속하지만 조선 후기부터 한국전쟁 이후 1960년까지는 최빈국이었다. 게다가 북한은 현재도 가난한 나라다. 기후나 토양 등 지리적 위치가 국가의 부에 영향을 미칠 수는 있다. 하지만 이러한 반례를 보면 그것이 결정적 원인이라고 보기는 어렵다. 반증에 의해 설명력을 잃는다. 반증까지 설명할 수 있는 새로운 패턴을 찾기 위해서는 지리적 요인과는 다른 새로운 관점이 필요하다.

미국 매사추세츠공과대학교 경제학과 교수인 대런 애쓰모글루Daron Acemoglu는 국가 간의 빈부 격차를 정치체제에 기인하는 것으로 본다. 왕정이나 독재정권과 같이 소수 엘리트 계층이 정치권력을 쥐고 있는 나라는 가난하고, 의회민주주의 국가처럼 다수의 국민이 정치권력을 쥐고 있는 나라는 부유하다는 것이 그의 관점이다. 그는 그 근거로 정치권력이 다수의 국민에게 고르게 분배되어 있을 때 경제적으로 번영했다는 역사적 사례를 든다.

'국가 간의 빈부 격차는 정치체제에 기인한다'는 이 관점에서 보면 의회민주주의를 잘 운영하고 있는 미국과 영국 등이 부자 나라인 것, 남한과 북한의 경제력 차이, 공화정시대 로마제국의 위력과 제정시대 로마의 쇠락 등이 명쾌하게 설명된다. 반증은 이처럼 새로운 관점으로 사물과 세상을 보게 만들어 새로운 패턴을 창조하게 한다.

또한 반증은 질병의 다양한 원인을 알아내고 새로운 치료법을 찾는 데도 아주 큰 역할을 한다. 질병의 원인이 단 하나인 경우는 거의 없다. 원인이 다양해서 패턴도 여러 가지다. 고혈압의 경우 보통 원인을 비만과 유전, 나이 등에 둔다. 그러나 '뚱뚱한 사람은 고혈압일 가능성이 높다'는 패턴은 알래스카의

에스키모에게 맞지 않는다. 알래스카 에스키모는 대부분 뚱뚱하지만 고혈압 환자가 거의 없다. 그리고 부모가 고혈압이라고 해서 자식이 전부 고혈압이 되는 것도 아니다. 나이가 많을수록 고혈압 위험이 높다고 하지만, 지중해 노인들은 고혈압 위험이 낮다.

이러한 반례를 설명하기 위해서는 고혈압에 대한 새로운 패턴이 필요하다. 알래스카 에스키모, 유전의 영향을 받지 않는 사람, 지중해 노인을 해석해낼 새로운 고혈압 패턴을 찾기 위해서는 새로운 접근을 해야 한다. 식습관, 음주 여부, 운동량, 기후 등의 새로운 관점으로 반증까지 설명할 수 있는 패턴을 찾다 보면 답이 나온다. 즉 '소금 섭취량이 적을수록 고혈압 가능성이 낮다' 같은 새로운 패턴이 등장한다. 새로운 패턴을 알아내면 새로운 처방을 만들 수 있다. 질병의 다양한 패턴을 알면 여러 가지 해결책을 제시할 수 있다.

패턴 속에서 또 다른 패턴을 찾고, 하나의 패턴을 여러 시각에서 보는 생각방식은 창조의 원동력이 된다. 새로운 패턴을 찾아내면 우리는 보다 많은 현상을 예측하고 설명할 수 있다. 패턴을 알면 자료가 불충분한 상황에서도 현상의 인과관계와 원리를 파악할 수 있다. 하나의 패턴을 다양한 시각으로 보지 못하고 고정된 시각으로만 인식하면 새로운 패턴을 창조하기 어렵다. 창조의 영역이 그만큼 좁아지기 때문이다.

우리는 유아기에 짝짜꿍 등의 손 놀이로 처음 패턴을 익히고, 초등학교 1학년 산수 규칙을 거쳐 대학 문을 나설 때까지 16년 동안 모든 과목에서 패턴을 배운다. 하지만 대부분은 패턴을 눈앞에 두고도 찾지 못하고 창조의 싹을 틔우지 못한다. 그것은 패턴을 인식하고 창조하는 원리와 방식을 습관화하지 못했기 때문이다. 다양한 패턴을 관찰하고, 연결하는 사람만이 창조와 혁신의 성과를 얻을 수 있다. 하나의 패턴을 다양한 분야에 적용해 새로운 패턴을 찾고 새로운 시각으로 바라보는 사람만이 창조와 혁신의 열매를 딸 수 있다.

바둑, 패턴 인식과 창조의 연습 도구

패턴을 인식하고 창조하려면 어떻게 해야 할까? 다양한 패턴의 유형과 차이점을 반복적으로 경험해야 한다. 경험하지 않은 패턴은 이해할 수 없고, 반복하지 않은 경험은 실제에 적용하기 어렵기 때문이다.

패턴 인식과 창조를 위한 연습에서 가장 중요한 것은 반복이다. 실제 생활에서 패턴 인식과 창조의 경험을 반복하기란 쉽지 않다. 그러나 놀이 공간에서는 반복 연습이 가능하기 때문에 놀이를 통해 연습하면 패턴 인식과 창조 능력을 강화할 수 있다. 이것은 볼테르와 루소가 말한 특정 분야의 제조기술이나 경영기법을 다른 분야에서도 적용하고 응용할 수 있는 것과 같다.

패턴을 배울 수 있는 놀이는 단순한 오목이나 조각 맞추기부터 복잡한 체스와 바둑에 이르기까지 다양하다. 말을 배우기 전부터 하는 짝짜꿍과 곤지곤지를 비롯하여 가위바위보, 공기놀이, 땅따먹기, 윷놀이도 모두 패턴을 배울 수 있는 놀이다.

바둑에서는 무한한 패턴 창조가 이루어진다

　패턴을 인식하고 창조하는 방법을 배울 수 있는 놀이 가운데 가장 좋은 것은 단연 바둑이다. 바둑은 어떤 놀이보다도 다양한 패턴을 체험할 수 있기 때문이다. 천재들의 사고방식 열세 가지를 밝혀낸 미국의 루트번스타인 부부는 패턴을 배우기에 탁월한 게임으로 체스를 꼽는다. 실제로 정상급 체스 선수는 패턴을 순간적으로 인식하는 기술이 뛰어나다. 체스의 고수들은 배열된 말馬들의 조합을 패턴으로 인식한다. 체스는 분명 패턴을 배울 수 있는 좋은 놀이다. 하지만 바둑은 체스보다 더 좋은 도구다. 왜 그럴까?

　먼저 판의 구조를 보자. 체스판은 가로와 세로 줄이 각각 8줄이고 바둑판은 각각 19줄이다. 수학적으로 체스보다 바둑에서 더 많은 패턴이 만들어진다. 바둑의 변화 가능성은 무한에 가깝다. 체스보다 바둑이 훨씬 복잡한 게임이라는 것은 컴퓨터와의 승부에서도 명백히 드러난다. IBM이 개발한 체스 전용 컴퓨터인 딥 블루Deep Blue는 체스 세계 챔피언이었던 게리 카스파로프Garry Kimovich Kasparov와의 체스대결에서 6번이나 승리했다. 그것이 1997년의 일이다. 반면, 구글의 알파고AlphaGo가 바둑 챔피언 이세돌 9단을 이긴 것은 2016년 3월이었다. 딥 블루가 체스 세계 챔피언을 꺾은 후로 20년 가까이 걸린 것이다.

바둑에서 나올 수 있는 경우의 수는 10의 170승에 이른다. 이것은 우주에 있는 원자의 수보다 큰 숫자다. 그래서 바둑은 인공지능도 도전하기 쉽지 않았던 것이다. 알파고에 탑재된 중앙처리장치CPU는 1202개, 그래픽처리장치GPU는 176개나 되고, 1초당 10만 개의 수를 고려한다. 그럼에도 한 수를 두는 데 평균 1~2분 정도 걸린다.

바둑은 게임 규칙을 봐도 어떤 놀이보다 패턴이 많이 나올 수밖에 없는 구조다. 체스는 16개 말을 가지고 시작한다. 말들의 초기 위치도 정해져 있다. 체스는 왕 중심의 계급사회다. 왕이 포획되면 그것으로 게임이 끝난다. 체스에서 모든 말은 신분이 정해져 있다. 반면 바둑은 아무것도 없는 빈 공간에서 시작한다. 바둑판 위에 놓인 모든 돌은 신분 차이가 없다. 어떤 돌이 잡혀도 그것으로 게임이 끝나는 법이 없다. 체스는 상대의 말을 차례로 포획하며 두 왕권이 경쟁하고 대립하는 게임이다. 반면에 바둑은 새로운 가치를 만들어내는 창조경쟁 게임이다. 바둑은 벽돌을 쌓아 건축물을 세우듯이 돌을 하나씩 두어 새로운 가치영토를 만들어낸다. 누가 더 많은 가치를 만들어내는가를 두고 경쟁한다. 이러한 창조경쟁 과정에서 수많은 패턴 창조가 이루어진다.

바둑판에서 만들어지는 패턴을 보면 바둑의 승패, 형세에 대한 판단, 돌의 생사를 미리 예측할 수 있다. 바둑은 보통 초반 포석, 중반 전투, 종반 끝내기의 세 단계로 진행되는데 각 단계별로 아주 많은 패턴이 등장한다. 포석에는 자신의 성城: 바둑에서는 귀라고 부른다을 차지하고 응전하는 패턴, 성을 중심으로 진陣을 치는 패턴, 진을 확장하는 패턴 등이 있다. 중반에는 공격, 수습, 침입, 말들의 연결과 분단 등 행태 별 패턴이 나타난다. 종반에는 끝내기 패턴이 있다. 이렇게 바둑은 수많은 패턴을 익히고 이해하고 만들어가는 과정이다. 바둑은 모든 것이 패턴이다.

바둑에서 배우는 관찰을 통한 패턴 인식

바둑에서는 어떤 패턴이 승리하고 패배하는지, 또 어떤 패턴이 유리하고 불리한지를 따진다. 왜냐하면 패턴이 상황을 평가할 수 있는 유력한 지표이기 때문이다. 익숙한 상황이 나타나면 자신이 알고 있는 기본 패턴을 중심으로 대응한다. 잘 알지 못하는 새로운 상황이 나타나면 기본 패턴을 중심으로 새로운 패턴을 만들어 응용한다. 그 과정에서 패턴 인식과 패턴 창조 연습이 이루어진다.

바둑에서는 많은 경우 배치된 돌의 모양을 보면 패턴을 인식할 수 있다. 패턴을 인식하면 그 상황이 유리한지 불리한지 판단할 수 있다.

[그림2-1]과 [그림2-2]는 똑같이 세 개의 돌로 포진을 만들었다. [그림2-1]은 입체 모양의 패턴이고 [그림 2-2]는 기다란 평면 모양의 패턴이다.

상대는 [그림2-1]과 같이 입체 모양 패턴을 만들고, 나는 [그림2-2]와 같이 평면 모양 패턴을 만들었다고 해보자. 이 경우 상대가 더 유리하다. 입체 모양의 패턴은 평면 모양의 패턴에 비해 돌들의 시너지 효과가 크기 때문이다. 평면 모양은 돌들의 상호작용이 직선 방향으로만 작용하는데 비해 입체 모양은

[그림 2-1] 입체 모양 패턴

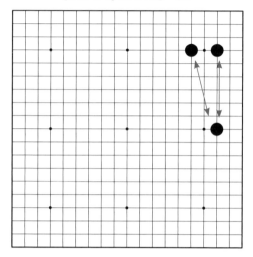

[그림 2-2] 평면 모양 패턴

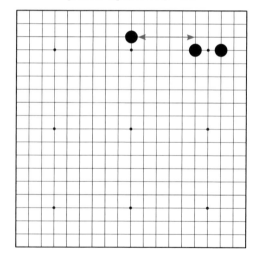

판을 읽어라

돌들의 상호작용이 사각형 모양 내에서 작용한다.

이러한 패턴은 관찰을 통해 인식할 수 있다. 이 패턴을 제대로 인식하면 유리한 패턴을 만들 수 있고 승리의 기회를 잡을 수 있다. 상대에게 유리한 패턴을 허용하면 상대의 전략에 끌려가게 되고, 결국 패배하고 만다. 바둑은 처음부터 끝까지 패턴을 인식하고 패턴에 입각하여 형세를 판단하는 게임이다. 이러한 반복적인 연습 과정에서 패턴 인식 능력이 길러진다.

바둑에서 배우는 연결을 통한 패턴 창조

패턴과 패턴을 연결하여 새로운 패턴을 만드는 것은 바둑에서도 마찬가지다. 정석과 정석을 연결하거나, 정석과 특정한 모양의 포진을 연결하여 새 패턴을 만든다.

주변 상황이 이미 결정된 경우, 어떤 정석을 선택할지 고민한다고 해보자. 우선 주어진 상황과 연결될 수 있는 정석을 한 가지씩 차례로 생각해본다. 주어진 상황과 내가 선택할 정석 한 가지를 연결하면 새로운 조합 즉, 새로운 패턴이 만들어진다. 다른 정석을 연결하면 다른 새로운 패턴이 만들어진다. 그리고 이렇게 만들어지는 여러 패턴 가운데서 가장 유리한 결과가 나올 정석을 선택한다.

정석은 어떤 특수한 상황에서의 정석이지, 모든 상황에서 정석이 될 수 없다. 이것은 지식과 똑같다. 기술이 진보하고 주변 상황이 달라지면 지식도 의미가 달라진다. 오늘의 진리는 내일 새로운 상황이 오면 더 이상 진리가 아닐 수 있다. 오늘의 시장과 내일의 시장은 같은 시장이 아니다. 고객이 다르고 경쟁자가 다르다.

정석에 대한 평가도 상황에 따라 달라진다. 맞닥뜨리는 상황마다 어떤 정석을 선택할 것인지 고민할 수밖에 없다. 주변상황 패턴과 정석 패턴을 나무와 나무를 연결하듯, 나무와 숲을 연결하듯, 숲과 숲을 연결하듯 조합하면 패턴 창조 능력이 쑥쑥 자란다.

바둑에서 배우는 유추를 통한 패턴 창조

중국의 국가주석인 시진핑習近平은 바둑을 좋아하고 장려하는 것으로 유명하다. 시진핑은 "바둑에 인생과 세계의 전략이 들어 있다"고 말했다. 그의 말처럼 우리는 바둑에서 찾은 패턴을 현실에 유추하여 적용할 수 있다. 그뿐 아니라 바둑에서는 유추를 통해 새로운 패턴을 찾아내는 경우가 많다. 특정한 상황에서 알아낸 바둑 패턴을 다른 상황에 유추 적용함으로써 새로운 패턴 창조를 경험할 수 있다.

뒤쪽이 강이고 앞쪽은 평지인 성이 있다고 해보자. 이 성을 공격한다면 어느 쪽에서 접근하는 것이 유리할까? 당연히 평지 쪽에서 공격하는 것이 유리한 전략이다. 평지 쪽이 강 쪽에 비해서 약하기 때문이다. 접근하기도 더 쉽다.

[그림 2-3]를 보면 주변에 아무것도 없는 상태에서 흑이 소목 즉 좌표 (4, 3) 자리를 차지하고 있다. 백은 어느 쪽에서 공격해

[그림 2- 3] 소목의 공격 패턴

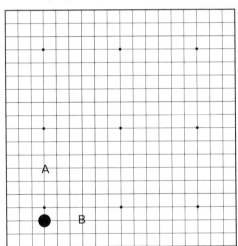

야 할까? 바둑판에서는 B가 강 쪽이고 A가 평지 쪽에 해당된다. A쪽은 4선에 위치해 3선에 놓인 B 쪽보다 상대적으로 위치가 높아 성문을 공략하기가 더 용이하다. 들어갈 공간이 더 넓다는 뜻이다. 반면 B는 위치가 낮아 공격해 들어갈 공간이 좁다. 따라서 성을 공격하는 수는 [그림 2-3]에서 A쪽이 된다. 최고의 공격 패턴은 상대의 약한 곳을 공략하는 것이다.

상대의 약한 곳을 공략하는 패턴은 스포츠나 비즈니스, 전쟁 등에서도 마찬가지다. 44게임 연속 안타, 생애 통산 타율 3할 4푼 1리 등으로 1939년 미국 야구 명예의 전당에 오른 윌리엄 헨리 킬러William Henry Keeler는 높은 타율을 올린 비결을 "수비수가 없는 빈 곳으로 공을 쳐라"라고 밝혔다. 또 일본의 소니는 휴대용 트랜지스터로 미국 시장을 공략할 때 미국 기업이 관심을 보이지 않은 저가 라디오 시장을 공략했다. 손자가 손자병법 허실편虛實編에서 말한 '나의 실實을 이용해 상대의 약한 부분인 허虛를 공격하라'라는 전략도 '상대의 약한 곳을 공략하라'라는 공격 패턴과 동일한 정신이다.

이제 [그림 2-3]에서 얻은 패턴 원리를 어떻게 유추 적용할 수 있는지 알아보자.

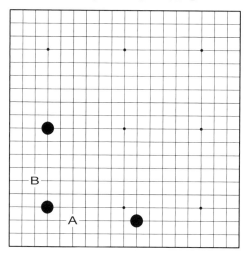

[그림 2-4] 유추를 통한 패턴 창조

[그림 2-4]를 보면 코너의 화점花點, 좌표 (4, 4)로부터 양쪽에 벌림이 추가되어 있다. 하나는 위쪽, 다른 하나는 오른쪽 방향이다. 그리고 오른쪽 벌림이 위쪽보다 한 칸 더 넓다. 이 상황에서 백은 A, B 중 어느 쪽을 공격해야 할까?

[그림 2-3]과 [그림 2-4]는 상황이 다르다. 그러나 상황이 달라도 '약한 쪽을 공략하라'라는 패턴 원리를 유추 적용할 수 있다. 흑의 두 진영 A와 B 중 어느 쪽이 약할까? A나 B 방향 모두 까만 돌이 두 개씩 상호작용하고 있지만, B위쪽의 힘이 A오른쪽보다 강하다. 위쪽에 있는 돌과 화점 간의 거리가 오른쪽에 있

는 돌과 화점 간의 거리보다 가깝기 때문이다. 흑의 약한 쪽은 넓게 벌린 A 방향이다. 따라서 [그림 2-3]에서 알아낸 공격 패턴을 [그림 2-4] 상황에 유추 적용하면 공격 방향은 B가 아닌 A 다. A 방향이 상대가 약한 쪽이다. '상대의 약한 곳을 공략하라'라는 패턴을 다른 상황에 적용함으로써 '상대 진영의 폭이 넓은 쪽을 공격하라'라는 새로운 패턴을 만들어낸 것이다.

바둑에서 배우는 반증을 통한 패턴 창조

바둑을 두다보면 기존 패턴이 적용되지 않는 예외적 상황이 종종 벌어진다. 이런 경우, 역설적으로 패턴에 따라 두면 불리해지거나 지고 만다. 예외적 상황은 기존 패턴이 적용될 수 없는 반례反例다. 반례가 생기면 기존 패턴에서 벗어나야 한다. 새로운 관점에서 반례까지 아우르는 새로운 패턴을 만들어야 한다.

'남의 집이 커 보이면 진다'는 바둑 격언이 있다. 이것은 '상대의 세력권에 너무 깊숙이 침입하면 진다'는 패턴에 대해 말한 것이다. 상대의 세력권에 너무 깊숙이 침입하면 말이 잡혀버리거나 혹은 살더라도 대세를 잃기 때문이다. 이 격언은 상대 세력권에 진입할 때는 생명이 위협받지 않는 선에서 신중해야 한다는 교훈을 담고 있다.

그러나 예외적으로 상대의 세력권에 깊숙이 잠입해야 할 때도 있다. 상대가 한 수만 추가하면 손바닥이 들어갈 정도로 큰 집을 만드는 특수한 상황이다. 이런 상황에서는 깊숙이 침입하지 않으면 승리의 기회를 잃는다. 이러한 예외적 상황은 '남의 집이 커 보이면 진다' 혹은 '상대의 세력권에 너무 깊숙이 침입하면 진다'는 패턴의 반례다. 반례가 설명되지 않은 것은 기존의 패턴이 실제로 상대 집이 커지는 경우를 고려하지 못했기 때문이다. 이 반례까지 설명할 수 있는 새로운 패턴은 무엇일까? '한 수로 큰 집이 만들어지지 않는 상황이라면, 남의 집이 커 보이면 진다'라는 새로운 패턴이다.

'대세점大勢點보다는 시급한 곳이 우선'이라는 바둑 패턴이 있다. 시급한 곳은 미생未生인 말을 안정시킬 수 있는 곳이다. 반면 대세점은 쌍방 대모양을 펼칠 때 쌍방 모양의 분수령이 되는 자리를 말한다. '대세점보다는 시급한 곳이 우선'이라는 패턴은 미생을 안정시키는 것이 얼마나 중요한 것인가를 말해준다. 말들이 집 없이 미생으로 쫓기는 신세가 되면 상대에게 그 대가를 톡톡히 치르기 때문이다.

그러나 예외적으로 '시급한 곳보다는 대세점이 우선'인 경우도 있다. 대세점의 가치가 미생마未生馬를 안정시킨 가치보다 큰 경우다. 쌍방이 입체적인 큰 모양으로 마주하고 있을 경우에는 쌍방 모양의 분수령, 전략적인 요처를 차지하는 것이 매우 중요하고 가치가 크다. 이러한 경우에는 시급한 곳보다 대세점이 더 우선이다. 이는 '대세점보다는 시급한 곳이 우선'이라는 패턴의 반례다. 반례가 기존의 패턴으로 설명되지 않은 것은 기존의 패턴이 미생마를 안정시켰을 때의 가치가 대세점의 가치보다 더 크다고 단정해버린 데 있다. 대세점이 시급한 곳보다 가치가 큰 예외적인 경우를 고려하지 못한 것이다. 이 반례까지 설명할 수 있는 새로운 패턴은 무엇일까? '대세점과 시급한 곳 가운데 가치가 큰 곳이 우선'이라는 패턴이다.

'(끊으려고) 들여다볼 때 연결하지 않는 바보는 없다'는 바둑 격언이 있다. 이것은 연결의 중요성을 말해주는 패턴이다. 바둑에서는 보통 돌들이 분단되면 힘이 약해지고 연결되면 힘이 강해진다. 그러므로 상대가 끊으려 하면 연결해두는 것이 지극히 당연하다.

그러나 연결하여 바보가 되는 예외적인 경우도 있다. 연결하면 한 수를 소비해야 하므로 그만큼 기동력이 떨어져 상대의 공격 목표가 되는 경우다. 따라서 연결할 때는 연결로부터 얻는 이익과 그로 인해 치러야 할 대가를 비교해봐야 한다. 연결해서 말이 강해지는 경우, 즉 연결의 이익이 충분히 클 경우에만 연결해야 한다. '들여다볼 때 잇지 않는 바보는 없다'의 반증까지 아우를 수 있는 새로운 패턴은 '연결의 대가보다 연결의 이익이 크면 연결하라'일 것이다.

이처럼 바둑에는 수많은 패턴이 있고 그 패턴이 적용되지 않은 예외적인 반례도 많다. 기존의 패턴이 적용되지 않는 반례가 나타나면 새로운 패턴을 창조할 수 있다. 물의 흐름이 바뀌면 물길이 새로 생기듯이 예외적 현상이 나타나면 새로운 패턴이 만들어진다. 이 과정에서 패턴을 인식하고 새로운 패턴을 만드는 연습을 반복할 수 있다.

CHAPTER 03

시야를
넓혀라

인무원려 필유근우 人無遠慮, 必有近憂

미래를 염려하지 않으면 가까운 장래에 근심이 생긴다.

- 공자

넓게 보고
멀리 보자

크게 생각할수록 크게 이룬다. 전체를 보아야 무슨 일이 필요하고 어떤 일이 중요한지 알 수 있다. 전체를 봐야 일의 우선순위를 알 수 있고, 어떤 순서로 일할 것인지 계획할 수 있다. 넓은 시야를 가지면 눈앞의 이익에 집착하지 않는다. 긴 안목으로 미래를 생각한다. 경직된 사고에서 벗어나 열린 마음으로 자신을 볼 수 있게 된다. 고정관념에서 벗어나 열린 마음으로 사고하면 창조적인 생각을 할 수 있다.

나무와 숲을 연결해 생각하라

크리스토퍼 콜럼버스Christopher Columbus는 산타마리아, 니냐, 핀타라는 세 척의 배에 100여 명의 선원을 태우고 대서양으로 향했다. 1492년 8월 3일 금요일 8시. 살테스의 강어귀에서 모래톱을 가로질러 항해를 시작한 이 선단은, 방향이 자주 바뀌는 강한 바람을 타고 해질 무렵까지 48마일을 항해한 후, 카나리 제도 쪽으로 항로를 잡고 남서쪽으로 항해했다.

서쪽 바다로 항해해서 아시아에 가겠다는 꿈을 꾼 사람은 콜럼버스가 처음이 아니었다. 콜럼버스의 시도보다 200년 앞선 1291년 비발디Vivald 형제는 제노바를 떠나 대서양으로 항해했으나 실패했다. 그 뒤로도 몇몇 항해사의 시도가 있었다. 콜럼버스의 아이디어 자체는 결코 새로운 것이 아니었다.

콜럼버스는 1492년 10월 12일, 루카야스 제도의 한 섬에 도착했다. 신대륙의 발견이었다. 스페인 팔로스 항을 떠난 지 약 두 달, 카나리 제도를 떠나 본격적으로 대서양을 항해한 지 33일만이었다. 콜럼버스는 대서양을 항해해 아시아로 가겠다는 생각을 최초로 한 사람은 아니었지만, 대서양을 건너 신대륙을 발견한 최초의 사람이 되었다.

크리스토퍼 콜럼버스의 성공요인은 무엇일까? 그의 첫 번째 성공요인은 넓은 시야다. 콜럼버스는 넓은 시야로 시대의 과제가 무엇인지 어디에 큰 기회가 있는지를 살폈다. 그 당시 서양인들에게 인도는 황금과 보석, 향료, 비단이 풍부한 곳으로 알려져 있었다. 그런데 스페인은 아시아로 향하는 길, 동쪽 육로와 남쪽 항로가 모두 막힌 상태였다. 이슬람 국가인 오스만 터키가 유럽에서 아시아로 가는 길목을 막아 동쪽의 육로 이동이 불가능했고, 남쪽 항로는 포르투갈에게 선수를 빼앗겼다. 1488년 12월, 바르톨로메우 디아스Bartolomeu Dias가 이끄는 포르투갈 탐험대가 아프리카 최남단의 희망봉을 발견한 이래 포르투갈은 인도로 가는 남쪽 항로를 선점해버렸다.

콜럼버스는 육지가 아닌 바다로 가는 새로운 인도 항로 개척이 시대의 과제라고 생각했다. 당시 그는 대서양을 건너면 바로 인도에 닿을 것으로 알고 있었다. 그러면 포르투갈 탐험대가 찾은 남쪽 항로보다 훨씬 빠른 길이 될 것이라고 믿었다. 인도로 가는 빠른 항로를 개척하는 것은 스페인 왕실은 물론 콜럼버스에게 엄청난 부를 쌓을 수 있는 기회였다. 서쪽으로 바다를 건너는 길은 아직 성공한 사람이 아무도 없는 블루 오션이었다.

콜럼버스의 두 번째 성공요인은 큰 그림을 그리는 능력이다. 무엇을 할지 목표를 정하면 그 목표를 실현하기 위한 큰 그림이 필요하다. 콜럼버스는 새로운 바닷길을 여는 큰 그림을 그렸다. 지중해를 떠나 대서양을 거쳐 인도에 도착하는 큰 시나리오를 만들었다. 그는 토스카넬리Paolo Toscanelli dal Pozzo의 새로운 지리학과 지도학에 관한 이론을 토대로 항해 시나리오를 작성했다.

당시 지리학에서는 지구를 무척 작게 보았다. 그리고 육지 면적이 바다 면적의 6배에 달한다고 생각했다. 따라서 바다는 아주 작으며 아시아는 대단히 광대한 대륙이라는 것이 그 당시의 이론이었다. 아시아의 동쪽 끝이 스페인을 향해 길게 뻗어 나와 있으니 스페인에서 서쪽으로 항해해가면 쉽게 아시아에 도착할 수 있다고 생각한 것이다.

따라서 콜럼버스는 지구를 실제 크기보다 훨씬 작은 것으로 잘못 알고 있었다. 아시아까지의 거리도 오판했다. 더구나 인도로 가는 길에 또 다른 대륙이 놓여 있으리라고는 꿈에도 생각하지 못했다. 그러나 잘못된 정보는 그의 성공을 가로막는 요소가 되지 않았다. 큰 그림 안에 세부계획이 있었기 때문이다.

세부계획을 기획하고 실행하는 능력, 그것이 콜럼버스의 세 번째 성공요인이다. 콜럼버스는 지중해를 떠나 대서양을 거쳐 인도에 도착하는 큰 그림을 실현해낼 구체적이고 세부적인 실행계획을 만들었다. 소위 사업제안서였다. 신항로 개척을 위한 세세한 항해 일정, 필요한 인력, 들어가는 금액 등을 사업제안서에 꼼꼼히 담았다.

콜럼버스는 스페인을 공동 통치하는 카스티야 여왕 이사벨 1세와 그의 남편인 아라곤의 국왕 페르난도에게 사업제안서를 가져갔다. 신항로 개척 사업은 막대한 자금이 필요하므로 국가의 지원이 있어야만 성공할 수 있다고 생각했기 때문이다. 그의 사업제안은 7년 동안 두 차례 거절되었지만, 콜럼버스는 마침내 스페인 왕실로부터 재정지원을 받아냈다.

콜럼버스는 왕실과 법적 계약문제를 마무리한 뒤 대서양 항해 준비에 착수했다. 그는 선원과 배를 구하기 위해 팔로스 시의 산호르헤 성당에서 시민들에게 설명회를 개최했다. 그곳은 어업 중심지여서 항해경험이 풍부한 선주와 선원이 많았다. 산타마리아 호, 핀타 호의 선주는 직접 항해에 참여하기로 했다. 귀중한 자산인 배를 직접 관리하고 신항로 개척사업의 이익을 공유하기 위해서였다. 콜럼버스는 특히 함께 항해할 선원 선택에 공을 들였다. 그는 선원 대부분을 원양항해에 능숙한 사람들로 뽑았다. 그리고 아랍어 등을 하는 통역사도 선원에 포함시켰다.

큰 성과를 이루려면 숲을 봐야 한다. 동시에 나무가 어떻게 숲을 만드는지도 파악해야 한다. 그러려면 숲과 나무를 연결해 생각하는 것이 습관화되어야 한다. 나무만 보고 숲을 보지 못하면 큰 성과를 만들 수 없다. 마찬가지로 숲만 보고 나무를 보지 못해도 성공하기 어렵다. 큰 성과는 숲과 나무의 연결에 있다.

콜럼버스는 넓은 시야를 갖고 숲과 나무를 탁월하게 연결했기에 대서양 횡단에 성공한 최초의 탐험가가 될 수 있었다. 그 시대에는 많은 탐험가와 항해사가 있었다. 하지만 누구도 콜럼버스처럼 위대한 탐험가로 이름을 남기지 못했다. 그들이 콜럼버스처럼 넓은 시야로 세상을 봤다면, 그래서 '신항로 개척'이라는 블루오션을 보았다면 신대륙 발견의 역사는 지금과 달랐을 것이다. 세상을 뒤흔드는 높은 성과, 큰 성공을 이루려면 넓은 시야로 문을 열어야 한다.

큰 그림 속에서 목표를 정하라

1879년 10월 21일, 토마스 에디슨Thomas Alva Edison은 드디어 백열전구를 만드는 데 성공했다. 40시간 이상이나 필라멘트가 계속해서 빛을 발하고 있었다. 그로부터 약 두 달 뒤인 12월 31일에 에디슨은 자신의 연구소인 먼로파크에서 백열전구를 세상에 공개했다. 그리고 1880년 1월 27일, 미국 특허청으로부터 백열전구 특허권을 받았다. 필라멘트 재료를 무수히 바꿔가며 1만여 회가 넘는 실험을 한 끝에 얻은 결실이었다.

백열전구는 인류 역사를 바꾼 발명품이다. 어두운 밤을 밝혀주는 전구는 인류가 사용할 수 있는 시간과 공간을 확장시켰다. 세상에는 많은 발명품이 있고, 놀랄 만큼 기발한 것도 많다. 그러나 전구처럼 인류의 생활 방식을 크게 바꾼 발명은 많지 않다. 기발하지만 세상에 별 영향을 주지 않는 발명들과 세상을 바꾸는 발명의 차이는 무엇일까? 특허로 보호를 받느냐 그렇지 않느냐의 차이일까?

아무리 빛나는 아이디어라도 성공할 확률은 구우일모九牛一毛, 많은 털 가운데 한 가닥 털이라고 해도 될 만큼 낮다. 피터 드러커는 멋진 아이디어는 가장 위험하고 성공 가능성도 낮다며, 아이디어로 얻은 특허 중에서 개발비용과 특허 관련 비용을 회수하는 특허는 500건 중 하나 정도에 불과하다고 했다.

사실 당시 전구를 발명한 것은 에디슨만이 아니었다. 헨리 우드워드, 메튜 에반스, 모제스 파머, 조지프 스완 등 많은 과학자들이 전구를 발명했다. 심지어 영국 전기학자 조지프 스완 Joseph Wilson Swan의 전구는 에디슨의 것보다 더 우수했다. 후에 에디슨은 스완의 특허를 사서 그것을 자신의 공장에서 사용했을 정도다. 그러므로 행운의 아이템이 에디슨 손에 있었다고도 볼 수 없다.

그러나 사람들은 전구 발명가로 에디슨을 꼽지 스완을 꼽지 않는다. 무엇이 에디슨과 스완를 갈랐을까? 스완이 인내심을 갖지 않고 너무 일찍 특허를 팔아버렸기 때문일까? 특허만 움켜잡고 있었다면 에디슨이 누린 성공을 스완이 누렸을까?

그렇지 않다. 에디슨과 스완을 가른 것은 시야의 차이다. 스완은 전구만 바라보았다. 반면에 에디슨은 전구가 사용될 수 있는 큰 그림을 그렸다. 우선 전력이 발전소에서 만들어져 가정집에까지 배전되는 과정을 큰 그림으로 그렸다. 그 전체 과정을 발전·송전·배전 단계로 나누어 전력산업의 시스템을 디자인했다. 그리고 에디슨은 발전·송전·배전 각 단계에서 필요로 하는 기기를 함께 발명했다. 그 밖에도 소켓, 스위치, 안전퓨즈, 전기계량기 등 전구 주변 기기도 발명했다. 전기가 가정에 공급될 수 있도록 전선을 설치할 수 있는 전선가설권까지 확보해두었다.

에디슨은 전력산업이라는 큰 그림 속에서 백열전구 기술개발에 착수했다. 그는 발전소에서 발전된 전력에 적합한 전구를 설계했다. 백열전구를 개발하기 위해선 유리 덮개, 진공, 봉합, 필라멘트 등 많은 세부기술이 필요했는데 에디슨은 그 모든 것에 심혈을 기울였다. 특히 필라멘트의 재료로 대나무가 좋다는 사실을 알아내고는 최상의 대나무를 구하려고 세계 도처로부터 대를 수집했다. 그리고 일본 교토 부근의 대나무가 가장 좋다는 실험 결과를 얻어 초기 약 10년 동안은 교토산 대나무를 사용했다.

바로 이런 큰 그림을 그리는 능력이 있었기에 에디슨은 큰 성공을 얻은 것이다. 넓은 시야로 큰 그림을 그리고 그 속에서 전구를 개발한 것과 오직 전구만을 생각하며 전구를 개발한 것의 차이는 운니지차雲泥之差, 구름과 진흙의 차이만큼 크다. 뛰어난 아이디어는 넓은 시야로 그린 큰 그림 속에서 펼쳐져야 구름이 된다. 그렇지 않으면 아무리 보석 같은 아이디어라도 진흙 속에 뒹굴다 끝난다.

전체의 관점에서 내가 할 일은 무엇일까

"회사를 위해 내가 무엇을 해야만 하는가 대신 내가 무엇을 할 수 있는가를 생각했습니다. 맡은 일을 하는 것은 바람직합니다. …… 하지만 그것만으로는 부족합니다. 그런 식으로는 파트너가 될 수 없어요. 그 이상의 무엇인가가 필요합니다."

철강 왕 앤드류 카네기의 말이다. 스코틀랜드에서 미국으로 이주한 카네기 집안은 몹시 가난했다. 그래서 13살의 어린나이 부터 온갖 허드렛일을 전전했으며 그러다가 전신회사의 배달원이 되었다. 그는 배달 업무를 성실히 해내며, 틈틈이 전신기 작동 방법을 배웠다. 누가 시킨 일이 아니었다. 카네기 스스로 열정을 갖고 전신기사에게 가르쳐달라고 부탁하며 배웠다. 그리고 곧 실력을 인정받아 정식 전신기사가 되었다.

철도회사의 전신기사로 자리를 옮긴 카네기는 단선 선로를 최대한 활용할 수 있는 아이디어를 고안해냈다. 전신을 이용하면 양방향으로 기차를 운행할 수 있다는 아이디어였다. 두 기차가 만나는 지점에서 전신으로 명령하여 한 대를 대피선으로 대기시키면 되는 시스템이었다. 카네기의 아이디어는 미국 내 모든 단선 선로에서 사용되었다. 이후 그는 감독관의 비서가 되었고, 스무 살이 채 못 되는 나이에 서부 지부 감독관에 올랐다.

이처럼 카네기는 어디서든 무슨 일을 맡든 자신에게 주어진 업무만이 아니라 그 이상의 일을 찾았다. 넓은 시야로 회사 전체 차원에서 일을 생각했다. 그것은 카네기와 회사 모두에게 큰 성과를 가져다 주었다.

말단 직원으로 시작해서 기업의 대표 자리에 오른 성공 신화의 주인공들을 살펴보면 카네기와 똑같은 공통점이 있다. 그들은 허드렛일을 맡아도 회사 전체의 관점으로 그 일을 처리한다. 보다 높은 목표를 가지고 자신이 할 수 있는 일을 찾는다. 넓은 시야로 보면 큰 성과를 만들 수 있는 일이 보인다.

넓은 시야를 갖지 못하면 비즈니스에서 성공하기 어렵다. 좁은 시야로 세상을 보면 변화하는 상황에서 제대로 대처하기 어렵다. 특히 시장이 급변하는 현대 사회에서 나의 고객과 경쟁자가 누구인지를 정확히 알기 어렵다. 고객을 제대로 모르고 경쟁자를 제대로 파악하지 못한 기업이 성공할 리 없다.

좁은 시야는 위기를 부른다

산업혁명 이후, 1829년에 등장한 철도는 인류에게 획기적인 이동수단을 제공하여 시장을 확장시켰다. 고립된 '섬 경제'를 하나로 연결된 '국민 경제'로 바꾼 것이다. 19세기 미국의 서부 개척과 함께 일어난 철도건설 붐은 1880년대까지 지속되었다.

그런데 제1차 세계대전 무렵부터 쇠퇴의 기미를 보이던 철도산업은 제2차 세계대전 이후 돌이킬 수 없는 상태가 되었다.

한때 승승장구하던 철도산업이 쇠락한 원인은 좁은 시야 때문이었다. 미국 철도회사는 시장을 보다 넓게 보지 못하고, 철도산업 내 경쟁에만 초점을 맞추었다. 자신의 시장을 '여객수송'으로 보지 않았기에 새로 생긴 항공사, 고속버스회사, 자동차 등을 경쟁자로 여기지 않았다. 철도회사는 자신들이 위험한 경쟁에 직면했다는 사실을 인식하지 못했다.

사실 미국 철도회사의 부진은 자동차와 제트 여객기 때문이었다. 20세기 초에는 자동차가, 20세기 중반에 제트 여객기가 상용화되면서 철도는 시장에서 밀리기 시작했다. 철도는 속도 면에서 비행기에, 접근성에서 자동차에 밀렸다. 철도는 먼 거리를 빠르게 이동하는 비행기를 따라 잡기 어려웠고, 선로가 연결되지 않은 곳까지 도달할 수 없었기 때문이다.

미국 철도회사가 좀 더 큰 시야를 가지고 철도산업을 바라보았다면, 포드와 GM 그리고 보잉은 시장 진입에 실패했거나 철도회사를 상대로 힘겹게 경쟁해야만 했을 것이다. 미국 철도회사가 고객관점에서 시장을 보다 크게 정의했더라면 아마도 직접 항공업에 뛰어 들었거나 고속철도 구간을 세웠을 것이다.

넓은 시야의
위력

아담 스미스는 "새로운 이론을 발견하는 것은 산에 올라 새롭고 넓은 시야를 갖게 되는 것과 같다"고 했다. 이것은 새로운 이론으로 세상을 보면 더 넓게 볼 수 있다는 뜻이며 동시에 넓은 시야로 보면 새로운 이론을 발견할 수 있다는 뜻이기도 하다. 즉 새로운 이론과 넓은 시야는 동전의 양면과 같다. 지금껏 보지 못했던 것을 보려면, 새로운 관점으로 넓게 봐야 한다. 그래야만 보이지 않았던 것이 보이고, 해석할 수 없었던 것이 해석된다.

넓은 시야로 전체를 보면 사물과 세상을 복합적이고 유기적으로 볼 수 있다. 그래서 학문에서뿐만 아니라 비즈니스에서는 더욱더 넓은 시야가 필요하다. 전체를 볼 수 있느냐 없느냐에 따라 기업의 사활이 결정되기 때문이다.

넓게 보면 출구가 보인다

1950년대 초, 대양횡단 화물수송시장은 쇠퇴할 것이라는 전망이 지배적이었다. 화물수송의 대부분이 항공으로 대체될 것으로 보았다. 위기를 인식한 해운업계는 혁신을 시도했다. 속도가 빠르고 연비가 높으면서 소규모 선원이 운항할 수 있는 선박을 설계했지만 성과가 나지 않고, 운송비용이 오히려 높아졌다. 항구적체가 더 심각해지고 배에 화물을 옮겨 싣는 선적시간이 더 길어졌다. 선박이 부두에 정박하기도 어려웠다.

해운업계의 혁신 노력에도 불구하고 운송비용이 왜 더 높아졌을까? 그것은 해운업계가 전체 그림을 보지 못한 결과였다. 운송비용은 선박운항비용과 비운항비용으로 구성된다. 비운항비용이란 배를 운항하지 않을 때도 발생하는 비용이다. 해운업계는 두 유형의 비용 중에서 선박운항비용만 고려했다. 선박운항비용을 줄이기 위해 선박의 연비 등에 집중했던 것이다. 해운업계는 넓은 시야로 비즈니스를 보지 못했기에 배를 운항하지 않을 때 들어가는 비운항비용에 대해 생각하지 못했다. 배가 항구에 묶이는 것은 공장에서 생산 라인이 멈춘 것과 같다. 생산라인의 가동률을 높이면 생산성이 크게 올라가듯이 화물선도 가동률을 높이면 생산성이 올라가고 운송비가 절감된다.

심각한 위기에 봉착해서야 해운업계는 시야를 넓혀 비운항비용을 살폈고 항구에서 선박의 체류시간을 단축하는 것이 매우 중요하다는 것을 깨달았다.

해운업계는 항구에서 선박 체류시간을 단축할 수 있는 방법을 찾기 시작했고, 그래서 얻은 해답이 컨테이너 선박이다. 이것은 해운혁명의 엔진이 되었다. 컨테이너 선박은 트럭에 싣고 온 컨테이너를 그대로 실을 수 있는 선박이다. 컨테이너를 그대로 싣는 아이디어는 전혀 새로운 것이 아니었다. 이미 육상 화물 수송에서는 컨테이너에 담긴 물건을 꺼내지 않고, 컨테이너 자체를 그대로 트럭에 싣고 있었다.

이 간단한 혁신의 결과는 놀라웠다. 1950년부터 1990년, 40년 사이에 화물수송량은 5배 증가했다. 반면 해상운송비는 60%, 화물의 항구체류시간은 75% 감소했다. 전체를 보는 것과 부분만 보는 것의 차이는 이처럼 엄청나다.

시야가 좁으면 현재에 갇힌다

일반적으로 전화기를 발명한 사람은 알렉산더 그레이엄 벨 Alexander Graham Bell로 알려져 있다. 그러나 최초의 전화 발명

자는 벨이 아니다. 벨보다 전화를 먼저 발명한 사람은 여럿이고, 요한 필립 라이스Johann Philipp Reis도 그중 한 명이다. 벨은 1876년 2월에 전화의 특허를 출원했는데, 라이스는 그보다 15년이나 앞선 1861년에 전화를 발명했다. 영어로 전화를 의미하는 'telephone'은 그리스어의 먼거리tele와 소리phone를 조합한 단어이며 라이스가 처음 사용했다. 벨보다 전화를 먼저 발명하고도 라이스는 왜 성공하지 못했을까?

그가 만든 전화는 벨이 만든 것과 비교할 때 절대 떨어지지 않는 수준이었다. 그러나 라이스는 전화가 미래에 엄청난 반향을 일으키리라고 생각하지 못했다. 15년 후의 미래를 내다보지 못한 것이다.

그 당시에는 전보가 지금의 인터넷처럼 세상을 확 바꾸어놓은 새로운 매체였다. 1861년 12월 4일자 뉴욕 타임스The New York Times에 따르면 7578 단어로 이루어진 에이브러햄 링컨 Abraham Lincoln 대통령 연두교서는 92분 만에 미국 전역으로 전송되었다. 1866년에는 대서양과 미국을 연결하는 전보 서비스가 개통되었다. 편지는 증기선을 이용해 속달로 보내도 2주가 걸리는데 전보는 300단어 기준 7, 8분 만에 전달되자 대중은 전보의 위력에 흥분했다. 이 상황에서 사람들은 라이스의 전화에 별 관심을 보이지 않았고, 라이스는 전화의 특허 출원을 포기했다.

그러나 15년 뒤, 벨이 전화 특허를 낼 무렵에는 전화에 대한 호응이 뜨거웠다. 그 사이에 미국에서는 남북전쟁이, 유럽 대륙에서는 보불전쟁이 일어났다. 전쟁을 겪는 동안 사람들은 전보의 한계를 깨달았다. 전쟁터에 나간 아들과 남편의 소식을 전보에만 의존하기엔 애가 탔다. 쌍방향으로 메시지를 전달하고 싶은 욕구가 커졌다. 이때 전화를 이용하면 생생히 감정을 나눌 수 있다는 것이 알려졌다. 벨은 그 호응 속에서 1876년 전화 특허를 내고 1년 뒤 통신 회사를 차렸다. 그 회사가 바로 미국의 큰 통신회사 중 하나인 AT&T다.

라이스가 전화의 미래시장을 내다보았다면 벨이 얻은 부와 명예는 그의 것이 되었을 것이다. 물론 10년 후 혹은 20년 후의 미래시장을 내다보고 성공 가능성을 예측한다는 것은 운명을 예측하는 것만큼 어려운 일이다. 그러나 불가능하지 않다. 고객의 욕구를 넓게 보면, 고객의 현재 욕구를 넘어 잠재적인 욕구까지 파악하면 미래시장을 내다볼 수 있다.

넓은 시야로 봐야 기회가 생긴다

디지털 카메라의 등장은 필름 업계에 쓰나미와 같은 충격이었다. 카메라 필름 시장에서 세계 1위였던 코닥필름은 2012년 파산했다. 그러나 늘 2위였던 후지필름은 살아남았을 뿐 아니라 현재 계속 성장하고 있다.

코닥은 디지털 시대에 대응하여 이지쉐어라는 디지털 카메라를 만들기도 했다. 그러나 때는 이미 늦었다. 스마트폰 시대가 열리면서 디지털 카메라 시장이 바닥으로 가라앉고 있었기 때문이다. 결국 코닥은 살아남지 못했고, '시대의 변화에 적응하지 못해 파산에 이른다'는 의미의 'kodaked'란 새로운 단어를 창조하는 불명예를 안았다.

그러나 후지필름의 고모리 시게타카古森重隆 회장은 위기를 극복하기 위해 "필름 사업을 더 넓고 더 깊게 분석해보라. 70년 넘게 각종 시행착오를 겪으며 개발한 필름 안에는 분명히 새로운 기회가 있을 것이다"라고 임직원들에게 주문했다.

후지필름 연구진은 필름을 이용할 수 있는 새로운 기회를 넓은 시야로 탐색했다. 필름 소재의 활용도 그리고 필름을 개발하는 과정을 진행한 개발진의 경험을 활용할 수 있는 방법을 면밀히 살폈다.

그 결과 후지필름은 노화방지에 효과가 있는 콜라겐 화장품을 만들어냈다. 콜라겐은 필름 소재 가운데 하나다. 후지필름 연구진은 콜라겐을 얼굴에 바르면 사진처럼 얼굴도 광택과 윤기가 나지 않을까 하는 기발한 생각을 했다. 콜라겐은 사진을 현상할 때 변색을 막고 윤기가 지속되도록 해주는 기능의 약품이었기 때문이다. 그래서 콜라겐을 얼굴에 발라보았더니 정말 사진 표면처럼 매끈해지고 반짝반짝 윤기가 오래갔다. 70년 이상 콜라겐 합성물을 만든 후지필름은 다른 어떤 기업보다도 관련 기술을 잘 알고 있었다. 콜라겐 화장품은 후지필름의 운명을 바꾸어놓았다.

무엇이 코닥과 후지의 운명을 갈랐을까? 그것은 넓은 시야와 새로운 시도였다. 코닥은 시야를 넓히지 않았다. 새로운 시도를 하지 않고 하던 것만 계속했다. 그러나 후지는 달랐다. 새로운 혁신의 기회를 넓은 시야로 탐색했다. 코닥은 레드 오션에서 벗어나려 하지 않았고, 후지는 아무도 가지 않은 블루 오션을 만들어 배를 띄운 것이다. 후지는 카메라 필름 시장을 버리고 새로운 시장을 창조했다.

넓은 시야를
갖는 방법

성공 여부는 생각이 결정하고 성공의 크기는 생각의 크기가 결정한다. 그리고 생각의 크기는 시야의 넓이가 결정한다. 높은 가치를 추구하는 CEO와 기업의 경제적 이익만을 추구하는 CEO의 시야는 크게 다르다. 세상을 좁은 시야로 보고 눈앞의 이익만을 좇는 자는 큰 생각을 가질 수 없다. 멀리 넓게 보지 못한 자는 큰 뜻을 품을 수 없다. 훌륭한 업적을 남긴 과학자와 뛰어난 CEO에게는 놀랄만한 공통점이 있다. 그들은 하나같이 높은 목표를 갖고 넓은 시야로 세상을 바라본다. 백 년 전 전구를 만든 GE는 '세상을 밝게 만드는 기업'을, 디즈니랜드는 '모든 사람을 즐겁게 만드는 기업'을 추구했다. 중국 알리바바 그룹 CEO 마윈馬雲은 '세상에 어렵게 거래하는 사람이 없게 하는 것'을 기업의 목표로 삼았다.

부분과 전체를 연결하라

헝가리 부다페스트대학, 학위를 막 취득한 젊은 박사가 자신의 지도교수에게 말했다.

"앞으로 가스로 인해 헛배가 부른 현상에 대해 연구하려고 합니다. 이 주제에 관해서는 지금까지 알려진 것이 없으니까요."

그러자 지도교수는 흥미롭다며 조언을 덧붙였다.

"하지만 말일세, 내가 알기로 배가 불러 죽은 사람은 없지. 만약 자네가 어떤 결과를 얻는다면, 그 결과를 다른 분야에 적용해서 성과를 내야 하네."

젊은 박사는 지도교수의 조언에 따라, 연구 결과를 다른 분야에 적용해 성과를 낼 수 있는 핵심적인 주제를 찾았다. 그는 인체의 기본적인 화학작용을 밝히는 것을 평생의 연구주제로 삼았다. 단순히 연구 가능한 주제가 아니라, '높은 성과를 낼 수 있는 주제가 무엇인가', '응용 가능성이 큰 주제가 무엇인가'라는 관점에서 핵심적인 주제를 찾아 연구했다. 말년에 그는 마침내 신체의 산화작용과 연소반응 과정을 밝혀내 노벨 생리의학상을 수상했다. 그가 바로 비타민 C를 발견한 얼베르트 폰 센트죄르지Albert von Szent-Györgyi다. 센트죄르지는 노벨상을 받은 뒤, 자신이 이룬 업적에 대한 공을 세상을 넓게 보게끔 조언해준 그 지도교수에게 돌렸다.

센트죄르지는 많은 개별 연구 프로젝트를 수행했는데, 그 프로젝트는 모두 밀접하게 연결된다. 모든 연구 프로젝트가 인체의 연소반응 연구라는 큰 목표를 달성하기 위한 작은 부분이며 징검다리였다. 1932년 파프리카에서 비타민C를 발견하고 산화과정에서 촉매를 발견한 것 역시 징검다리용 개별 프로젝트의 결과였다. 그는 농익은 바나나 껍질이 갈색으로 변하는 것에 의문을 품었다. 이 의문을 토대로 연구한 결과 바나나에 함유된 폴리페놀이라는 화합물이 산소와 작용하면 딱지와 같이 갈색이나 검은색 물질을 만들어낸다는 것을 밝혀냈다. 그것은 상처를 보호해주는 보호막이었다. 이 발견을 토대로 센트죄르지는 다음 단계의 연구 프로젝트로 넘어갔다.

그는 열매를, 익으면 바나나처럼 검게 변하는 것과 레몬처럼 변하지 않는 것으로 분류해 차이를 연구했다. 그리고 색깔이 변하지 않는 레몬에는 비타민C가 풍부하다는 것을 알아냈다. 폴리페놀이 산소와 작용해서 산화되는 것을 비타민C가 막아주기 때문에 레몬에는 갈색이나 검은색의 보호물질이 필요 없고 따라서 보호막이 생기지 않는다는 사실을 밝혀냈다.

센트죄르지는 큰 주제를 연구하기 위해 숲과 나무를 동시에 보고 나무와 숲을 연결했다. 개별 연구 프로젝트는 센트죄르지의 나무였고 신체의 산화작용은 센트죄르지의 숲이었다. 연구 목표가 '헛배가 부른 현상'에서 '인체의 산화작용'으로 바뀌자 센트죄르지는 더욱 넓은 시야로 헛배 현상을 볼 수 있었다.

미래를 내다보라

미국의 전기자동차 회사인 테슬라모터스와 민간 우주왕복선 시대를 열고 있는 스페이스엑스의 CEO인 엘론 머스크Elon Musk는, 영화 《아이언맨》 토니 스타크의 모델이며 제2의 스티브 잡스로 주목받는 인물이다.

그가 현재 주력하는 전기자동차와 민간 우주왕복선만 보아도 느낄 수 있듯이 엘론 머스크는 항상 미래를 보며 달린다. 그는 인터넷 사이버 공간의 미래를 보고 1995년, 스물넷의 나이로 Zip2라는 온라인 회사를 창업했다. Zip2는 인터넷 지도 관련 소프트웨어 회사로, 피자가게를 비롯해 매물로 나온 주택의 위치 등을 온라인 지도로 알려주는 서비스를 제공했다. 엘론 머스크는 Zip2를 창업하기 위해 스탠포드 대학 응용물리학과 박사과정에 입학한 지 이틀 만에 학교를 그만두었다. 그리고 1999년, 창업 4년 만에 당시 PC 업계에서 승승장구하던 컴팩Compaq에 3억 7000만 달러를 받고 Zip2를 넘겼다. 그 과정에서 그는 약 2200만 달러를 벌어 큰 부자가 되었다.

이어서 그는 엑스닷컴x.com을 창업했다. 엑스닷컴에서는 인터넷 뱅킹 서비스와 이메일 결제 서비스를 제공했다. 즉 세계 최초의 온라인 은행이다. 엑스닷컴은 2000년 비슷한 서비스를 제공하는 기업인 콘피니티Confininity와 합병하여 페이팔Paypal이 되었다. 인터넷 결제 업체 페이팔은 인터넷 상거래와 함께 급속히 성장해서, 인터넷 최대 경매 사이트인 이베이eBay에 15억 달러에 매입되었다. 그 과정에서 머스크는 1억 8000만 달러를 손에 쥐었다.

앨론 머스크의 성공 비결은 미래시장을 읽은 것이다. 인터넷 사용 인구는 1994년, 1년 만에 24배가 늘었다. 그런데도 사람들은 인터넷 관련 미래시장을 이해하지 못했다. 1995년 당시, 음식점이나 미용실과 같은 소규모 영세업자는 인터넷의 영향력을 이해하지 못했다. 작은 회사를 운영하는 사람들은 인터넷에 접속하는 방법은 물론 웹사이트를 만들면 사업에 도움이 된다는 것도 몰랐다. 옐로우 페이지yellow page: 상호가 수록된 노란 색깔 전화번호부 목록을 온라인으로 작성하면 가치가 있다는 사실도 알지 못했다.

　머스크는 인터넷이란 새로운 공간으로 새로운 인구집단이 이주를 시작한다는 걸 재빨리 알아차렸고, 이를 곧장 기회로 인식했다. 인터넷이란 신대륙이 발견된 상황에서 원하는 물건을 파는 곳을 찾아 헤매고, 은행에 직접 찾아가 예금을 찾고 송금을 하는 것은 낡은 방식이라고 생각했다. 그는 가까운 미래에 판매자와 소비자 간의 거래 방식이 변화될 것을 내다보았다. 그래서 주저 없이 학업을 때려치우고 Zip2를 창업하고 인터넷 공간에서의 새로운 거래 방식을 디자인했다.

　인터넷 지도 서비스와 인터넷 결제 서비스는 지금은 너무도 당연해 보인다. 그러나 머스크가 그것을 만들던 때는 누구도 상상조차 하지 못한 새로운 아이디어였다. 그가 젊은 나이에 주체할 수 없을 만큼 많은 돈을 벌고 성공한 CEO가 될 수 있었던 것은 미래를 제대로 읽었기 때문이다. 그가 현재 벌이는 우주산업이 미래에 성공할지는 아직 아무도 모른다. 하지만 그는 미래를 읽고 미래에 투자하는 것이 가장 중요하다는 걸 잘 알고 있다.

　미래를 정확히 내다보는 사람은 당연히 미래시장을 창조할 수 있다. 엘론 머스크처럼 성공 신화를 이룩한 세계 부자들은 하나같이 넓은 시야로 미래를 내다보았다. 잠자코 미래가 열리길 기다린 게 아니라 그 미래를 직접 설계하고 만들었다. 지금 성공의 기회가 어디에 있는지 내가 무엇을 해야 하는지를 찾아 미래시장을 디자인했다.

큰 그림을 그려라

1980년대 PC의 표준을 만들었던 IBM은 현재 PC 시장에서 존재를 감췄다. 2001년 IBM의 회사 총매출액은 250억 달러였는데 그 가운데 200억 달러가 서비스 부문이 벌어들인 매출이었다. 어떻게 이런 일이 가능할까?

1990년대 초 IBM은 붕괴 직전 상태였다. 인터넷 혁명이 시작되기 직전인 1994년부터 PC 시장의 주도권은 마이크로소프트와 인텔로 넘어갔다. 마이크로소프트는 데스크톱 운영체제를, 인텔은 마이크로프로세서를 장악했다. 'IBM 호환 PC'가 'IBM PC'를 압도한 것이다.

IBM의 CEO 루이스 거스너Louis Jr. Gerstner는 당시 상황을 이렇게 말했다. "1990년대 초 IBM은 매일 아침 일어날 때마다 계속 주변으로 밀려나고 있었다. 그것은 당혹스럽고도 절망적인 일이었다. 그러나 아무리 비참할지언정 미래는 더욱 참담해 차라리 현재가 나을 것 같았다."

한때 PC의 표준이었던 IBM, 새로운 PC 시리즈를 내놓을 때마다 성공하던 IBM이 내리막길에 들어선 것이었다. 1994년, IBM은 컴퓨팅의 기본방식이 10~15년 주기로 변화한다고 보았다. 그러므로 곧 지금이 변화의 시기이며 새롭게 열릴 시대의 시작점이라고 판단했다. 이러한 인식을 바탕으로 IBM은 미래의 큰 그림을 고민하기 시작했다. '다음 시대의 새로운 가치는 어느 쪽으로 이동할까? 전략상의 고지는 어디일까? 지나간 시대의 PC와 같이 앞으로 흥할 사업은 무엇일까?'

IBM은 미래의 IT 산업은 하드웨어 주도에서 소프트웨어 서비스 주도로 변화할 것으로 판단했다. 기술 주도의 PC 산업은 길게 지속하지 않을 것이라는 결론이었다. 당시 PC에는 대부분 마이크로소프트 제품과 인텔 제품이 들어 있었다. 따라서 고객들은 그에 맞춰 마이크로소프트와 인텔의 기술이 지원하는 사무 시스템을 구매해야만 했다. IBM은 서로 다른 제조사들이 만들어낸 조각을 고객이 하나로 통합해야 하는 시장구조는 장기적일 수 없다고 보았다. 고객이 필요로 하는 것은 정보기술 산업의 조각이 아닌 통합된 서비스라고 생각했다. 따라서 앞으로 10년 동안 다양한 공급자들이 만들어낸 기술이나 데이터를 고객 관점에서 통합 관리할 수 있는, 솔루션 서비스 수요가 폭증할 것이라고 판단했다. 특히 망으로 연결된 세상, 고속의 광역 연결망이 깔린 네트워크 세상에서는 네트워크 속에서 일하는 사람과 기업이 늘어날 것으로 확신했다. IBM이 그린, 향후 10년의 큰 그림은 솔루션 서비스가 주도하는 IT 산업이었다.

그래서 IBM은 주력 사업이던 PC 사업을 과감히 정리했다. 그리고 회사 내에서 이류 사업에 불과하던 서비스 사업에 주력했다. 1996년까지 서비스를 별개의 사업체로 분리할 준비를 끝내고, 전 세계에 아웃소싱과 네트워크 서비스를 제공할 수 있는 IBM 글로벌 서비스를 만들었다. 이러한 IBM의 시도는 거스너의 표현 그대로 '대도박'이었다. 회사의 업종을 제조업에서 서비스업으로 바꾸는 것은 절대 금기된 성역을 파괴하는 일과 같았다. 또한, 당시 IBM의 통합 시스템 서비스 사업은 판매부 하부 단위의 작은 사업에 불과한 이류 사업 안의 이류였다.

IBM은 하드웨어를 만드는 회사에서 소프트웨어를 만드는 회사로, 제조업체에서 서비스를 제공하는 회사로 변신하는 데 성공했다. 1996년대 중엽부터 말엽까지 서비스가 분기당

20%씩 성장했다. 서비스 부문의 수익은 1992년 73억 달러에서 2001년 300억 달러로 치솟았고, 인력도 회사 전체의 절반 정도를 차지했다. 2004년 IBM은 데스크톱, 노트북 등 PC 사업 부문을 중국의 레노버에 매각하고 PC 사업에서 완전히 손을 뗐다.

IBM은 현재를 버리고 미래를 선택했다. 당장 큰 매출을 올리는 사업을 적극적으로 버리고 아직은 보잘것없지만 미래 가치가 큰 사업을 선택했다. 소탐대실小貪大失이 아닌 대탐소실大貪小失의 위대한 선택이었다. 그리고 내리막길을 걷던 IBM은 멋지게 부활했다.

고정관념을 깨뜨려라

방글라데시 치타공대학의 경제학과 교수 출신이면서 노벨 평화상을 받은 무하마드 유누스Muhammad Yunus는 1983년 그라민 뱅크Grameen Bank를 설립해 대성공을 거두었다.

그라민 뱅크는 영세 자영업자에게 담보 없이 소액 대출을 해주는 마을금고다. 그라민 뱅크는 2006년, 설립한 지 20여 년 만에 2,185개의 지점을 열고 1만 8,000여 명의 직원이 종사하는 거대 은행으로 발전했다. 그리고 그라민 뱅크의 대출 회수율은 98%에 이른다. 참고로 방글라데시 여느 마을금고의 대출 회수율은 30~40%에 불과하다.

그라민 뱅크는 어떻게 성공할 수 있었을까? 어떻게 담보도 없이 신용도가 낮은 저소득층을 상대로 원리금 회수율 98%를 만들어냈을까? 유누스는 '신용도가 낮은 영세 자영업자에게 돈을 빌려주려면 담보가 꼭 필요하다'는 대출의 고정관념을 완전히 깨고, 기발한 제도를 디자인했다. 방글라데시 마을금고의 이자율은 1년에 150%가 넘었다. 따라서 금리만 낮춰주면 수익성 있는 사업은 넘쳐날 것이었다. 유누스는 어떤 사업이 수익성이 큰 사업인지를 은행이 따질 필요는 없다고 보았다. 돈을 빌린 자가 원리금 상환 의지만 있다면 담보가 없어도 아무 문제 없다고 판단했다. 그래서 유누스는 대출금 상환 의지를 높일 수 있는, 상환 조건부 팀 대출제를 만들어냈다.

상환 조건부 팀 대출제는 다음과 같다. 개별적으로 사업계획이 있는 5인이 하나의 팀을 구성하여, 팀 단위로 대출을 신청한다. 은행은 팀 단위로 프로젝트를 평가하여 대출할 팀을 결정한다. 대출 승인이 나면 1단계로 그 팀에 속한 2인이 먼저 대출을 받을 수 있다. 그리고 그 2인이 원리금을 제대로 상환하면

2단계로 나머지 3명 중 2명에게 대출을 제공한다. 역시 이 2명이 원리금을 제대로 상환하면 마지막 단계로 나머지 1명, 즉 팀장에게 대출을 해준다.

팀원 모두가 개인 대출 승인 여부에 영향을 주므로 대출 희망자는 서로 신뢰할 수 있는 사람들과 팀을 구성하려 한다. 따라서 대출 상환이 순조롭게 이루어질 가능성이 크다. 처음 대출받은 사람이 사업에 성공해야만 다음 순위자들도 대출을 받을 수 있으므로 팀원 사이에 경영에 필요한 전문지식을 공유하고 상부상조한다.

또 원리금 상환 관리, 감독도 팀 내부에서 자발적으로 이루어지기 때문에 은행 대출계 직원은 원리금 상환 관리에 신경 쓰지 않아도 된다. 은행은 원리금에 관한 채권을 회수하는 데 비용이 거의 들지 않는다.

이렇게 유누스는 대출에는 담보가 필수라는 고정관념을 깼다. 대출을 위해서는 개별 사업 프로젝트의 수익성 여부를 따져야 한다는 고정관념도 타파했다. 담보 가치나 프로젝트의 수익성보다 신뢰 가치에 집중했다. 원리금을 상환하지 않아 팀원들로부터 신뢰를 잃으면 신뢰 가치의 손실이 발생한다. 원리금을 갚지 않아 배반으로 얻는 이익이 신뢰를 잃는 것보다 크지 않다면 사람들은 당연히 상환 약속을 준수하려 할 것이다. 이 경우 신뢰가 담보보다 효율적인 담보 기능을 수행한다.

그라민 뱅크의 상환 조건부 팀 대출제는 은행이 상환을 독촉할 필요도 없다. 또, 상환을 하지 않기 위해 손익계산서를 허위로 보고하는 도덕적 해이도 일어날 수 없다. 팀원들은 서로 협력자이자 감시자가 되어 팀의 신뢰도를 높이고자 하며, 그로 인해 프로젝트의 생산성이 더 높아지는 이득까지 얻는다.

남과 다르게 생각하라

잠시 애플을 떠났던 스티브 잡스Steve Jobs가 애플로 돌아온 뒤 아이맥 등을 내놓자 애플은 다시 PC 회사로 옛 명성을 되찾았다. 하지만 당시는 닷컴이 붕괴하던 때라 디지털 업계의 전망이 어두웠다. 월트 모스버그는 〈월스트리트 저널〉에 "PC는 이제 완전히 무르익어 따분한 물건이 되었다"는 기사를 썼고, 게이트웨이 CEO 제프 바이첸은 "우리는 이제까지의 PC 중심 노선에서 확실히 벗어날 것이다"라고 선언했다.

그러나 스티브 잡스의 생각은 달랐다. PC는 지금보다 다양한 영역에서 사용될 것이며, 그 변화가 무궁무진하다고 생각했다. 즉, 뮤직 플레이어에서부터 비디오 레코더, 카메라에 이르기까지 다양한 기기를 하나로 조화시키는 '디지털 허브' 역할을 할 것이라고 본 것이다. 잡스는 컴퓨터가 허브 역할을 하면 휴대용 기기는 더욱 단순해질 수 있다고 생각했다.

애플은 2001년 1월 디지털 허브 전략의 하나로 맥 사용자에게 무료로 제공하는 마켓인 아이튠스iTunes를 공개했다. 그리고 아이튠스와 연동되는 뮤직 플레이어를 개발했다. 그것이 바로 아이팟이다. 아이팟의 탄생은 우연이면서도 필연이었다. 애플은 시중에 나와 있는 MP3 플레이어는 전부 아이튠스와 연결하기에는 형편없다고 판단했다. 아이튠스의 장점을 절대 살릴 수 없다는 것이었다. 그래서 애플은 MP3 플레이어를 직접 만들기로 했다.

2001년 10월, 애플은 '1,000곡의 노래가 호주머니에1,000 songs in your pocket'라는 슬로건을 내세우고 399달러에 아이팟을 출시했다. 여느 MP3 플레이어와 비교할 수 없을 만큼 높은 가격이었지만 아이팟은 날개 돋친 듯 팔렸다.

"만약 누군가가 애플이 이 지구 상에 존재하는 이유를 묻는다면 나는 이 제품을 들어 보이겠습니다." 당시 잡스가 〈뉴스위크〉 기자 스티븐 레비에게 한 말 그대로 아이팟은 애플을 혁신시키고, 세상에 변화를 일으켰다.

아이팟의 성공은 아이튠스 스토어를 확장시켰고 이것은 음반 산업에 새 지평을 열었다. 소비자들은 이제 여러 곡이 들어 있는 음반을 구매할 필요가 없어졌다. 좋아하는 곡을 골라 한 곡씩 살 수 있게 된 것이다. 또한, 아이팟은 아이폰과 아이패드를 탄생시키는 시발점이 되었다.

혁신의 아이콘이 된 스티브 잡스. 그는 남과 다르게 생각하길 강조하며 새로운 시도를 두려워하지 않았다. "늘 배고프고, 늘 어리석어라Stay Hungry, Stay Foolish. 나는 항상 자신이 이렇게 되길 바랐습니다. 그리고 지금, 새로운 출발을 하는 졸업생 여러분도 그렇게 되길 바랍니다." 스티브 잡스가 2005년 6월 스탠포드대학의 졸업식 연설에서 한 말이다. Stay Hungry는 만족하지 않아야 새로운 것을 추구할 수 있다는, Stay Foolish는 남들이 바보라고 여길 정도로 남과 다르게 생각하라는 의미다.

남과 다르게 생각하고 새로운 시도를 한다고 누구나 성공할 수 있는 건 아니다. 실패의 위험은 당연히 크다. 그런데도 성공하려면 남과 다르게 생각하고 새로운 시도를 해야 한다. 새로운 시도를 하지 않으면 레드 오션에 머물며 치열한 경쟁을 겪어야 하기 때문이다. 남과 똑같이 생각하고 똑같이 행동하면서 경쟁에서 이기기란 깊은 구덩이에 빠져 맨손으로 올라오기만큼이나 어렵다. 이긴다고 해도 성과가 크지 않다. 대학입시와 각종 고시 경쟁, 취업 경쟁이 바로 그 예다. 반면에 남과 달리 생각해 새로운 시도를 하면 후지필름이나 그라민 뱅크처럼 블루오션을 만들어 큰 성과를 얻을 수 있다.

남과 다르게 보면 새로운 생각을 할 수 있다. 남들의 생각이나 고정관념을 뛰어넘는 체험을 하면 생각의 지평이 넓어진다. 생각의 지평이 넓어지면 새로운 세계를 볼 수 있다. 현실 인식에 대한 고정된 시각, 강점과 기회에 대한 고정관념에서 빠져나오면 넓은 시야로 새로운 세계와 기회를 보게 된다.

바둑을 두면
시야가 넓어진다

크게 이루려면 시야가 넓어야 한다. 부분을 볼 때는 전체 관점에서 살피고, 전체를 볼 때는 전체를 구성하는 부분을 읽어야 한다. 무엇을 대하든 고정관념을 깨뜨리고, 남과 다르게 생각해야 한다. 미래를 내다보아야 한다. 그러면 넓은 시야가 열리고 성공의 길로 들어선다.

바둑은 전체적 관점에서 부분을 선택하는 게임이다. 바둑에서 이기려면 전체를 넓게 봐야 한다. 바둑을 둘 때는 부분에서 만들어질 조각의 모양을 예상하여 전체를 디자인하고, 부분을 전체 관점에서 생각한다. 그러므로 한 판의 바둑을 두는 동안 전체적 관점에서 부분을 선택하는 연습을 수없이 반복한다. 그래서 바둑은 패러다임 전환과 패턴 창조의 도구일 뿐만 아니라, 넓은 시야를 갖기 위한 연습 도구로도 탁월하다.

바둑은 큰 시야로 전체를 보는 게임이다

바둑은 전략이나 착점을 선택할 때 항상 전체 관점에서 생각한다. 부분에만 치중하면 승리하기 어렵다. 나무만 보고 숲을 보지 못하는 격이다. 바둑에서는 부분적으로 이익이 나도 전체적으로 불리해지는 경우가 많다.

바둑은 포석 단계에서부터 넓은 시야가 필요하다. 포석은 바둑 한 판의 설계도며 얼개다. 포석 단계에서 두는 한 돌 한 돌은 건물의 기둥과 같다. 포석할 때는 미래 상황을 생각하며 전체적 관점에서 포진을 만든다. 싸움이 일어날 곳이라면 그 전투가 장차 전국적으로 어떻게 전개될 것인가를 예상하며 포진을 디자인한다. 포석은 부분과 전체를 연결하는 큰 그림이다.

바둑은 전체를 보지 못하면 전략을 만들 수도 없고 다음 착점을 선택하기도 힘들다. 전체 형세를 알 수 없으면 상황에 적합한 전략을 세울 수 없기 때문이다. 바둑이 끝내기 단계에 들어섰다고 해보자. 끝내기 단계는 바둑판에 돌이 이미 많이 놓인 상태이므로 선택 폭이 좁다. 따라서 전체 상황과는 상관없이 큰 곳부터 차례대로 마무리하는 것이 최선이라고 생각하기 쉽다. 하지만 전략은 형세에 따라 달라져야 한다.

형세가 유리한 경우라면, 최선 전략은 가장 큰 곳을 찾아 두는 것이 아니다. 그때의 최선은 승부가 뒤집히지 않도록 승리를 못질하는 것이다. 승리를 못질하는 길은 역전이 일어날 수 있는 폭탄, 불확실성을 제거하는 수를 두는 것이다. 상대가 폭탄을 터뜨릴 여지가 있는 곳에 내가 먼저 두어 불확실성을 제거한다. 집의 크기로 보면 그곳이 작은 곳일 수도 있다. 그러나 승리를 확실하게 확보할 수 있다면 그곳이 최선이다.

월드컵에서 브라질 국가대표팀이 자기 팀보다 실력이 떨어지는 팀을 만나 3:0으로 이기는 상황이었다. 게임 종료까지는 10분이 남았다. 이때 브라질 국가대표팀은 어떤 전략을 펼칠까. 선수들의 개인기를 한껏 돋보일 공격 일색의 전략을 펼치겠는가, 승리를 못 박기 위해 수비를 강화하는 전략을 펼치겠는가. 어떤 감독이라 해도 다잡은 승리를 두고 모험을 하지는 않는다. 반면 형세가 불리한 경우라면, 최선의 전략은 불확실성에 불씨를 지피는 것이다.

이처럼 똑같은 바둑이라도 전체 형세를 어떻게 보느냐에 따라 다음의 한 수가 달라진다. 형세를 정확히 판단하기 위해서는 바둑판 전체 상황을 정확히 읽고 판단할 수 있어야 한다. 따라서 바둑의 모든 전략과 다음 한 수는 부분만 보고 선택할 수 없다. 항상 전체를 보면서 전체적 관점에서 선택해야 한다.

바둑은 미래를 내다보는 게임이다

　바둑은 기본적으로 미래 읽기, 전체 상황 읽기 게임이다. 다음 수를 여기에 두면 미래의 결과가 어떻게 될지, 그래서 전체적으로 유리할지 불리할지, 이길 수 있는지 아닌지를 헤아린다. 바둑이 늘수록 미래를 보다 멀리 보고 상황을 정확하게 판단한다.

　미래 읽기란 바둑에서 수를 읽는 힘, 수읽기를 말한다. 수읽기는 착점을 하기 전에 미래를 내다보는 힘이다. 앞으로의 진행 과정을 예측하는 힘이다. 수읽기에 밀리면 이기기 어렵다. 권투로 비유하면 KO패 당하게 된다. 따라서 한 수 한 수를 신중하고 정확하게 읽고 두 수, 세 수 뒤보다 더 멀리 내다보는 버릇을 길러야 한다. 멀리 내다보는 생각의 버릇이 자라면 몇 수 뒤의 상황을 그릴 수 있다. 정상급 프로기사라면 보통 20수 정도를 어렵지 않게 그려낼 수 있다.

　바둑에서는 상대방과 소규모 국지적 싸움을 벌일 때도 싸움 종료 후의 상황을 미리 그려본다. 싸움의 결과를 미리 내다봐야 현재 싸움에서 누가 더 우세한지를 알 수 있다. 이기지 못할 거라는 예측이 들면 싸움을 피하고, 피할 수 없다면 유리한 결과가 나올 수 있도록 점차 상황을 만들어간다.

　내 돌과 상대 돌의 개수, 돌들이 연결된 모습을 비교하면 미래의 결과가 보인다. 그 결과에 따라, 상대 돌 수가 내 돌보다 많은 부근에서는 싸우지 않는다. 나의 역량이 더 우위에 있다고 해도 전장이 상대에게 더 유리한 상황이면 내가 패할 수 있기 때문이다. 반대로 상대의 역량이 더 우위에 있더라도 전장이 나에게 유리한 상황이면 승산이 있다. 바둑은 이처럼 현재 상황과 미래의 모습을 연결하고, 현재가 미래로 나아가는 과정에서 전략을 짜는 게임이다.

바둑의 개별 전투 과정을 보면 부분 싸움이 전국적으로 번지는 경우가 있다. 이런 상황에서는 싸움이 확대되는 방향과 그 파급효과를 생각해야만 한다. 즉 바둑판에서 벌어질 미래를 예측해야 한다. 한 수의 파급효과를 고심하고 전투의 미래를 생각하며 전투가 확대되는 과정을 지켜보면 자연스레 시야가 넓어지고 사고방식이 유연해진다.

바둑에서 미래 읽기는 개별 전투만이 아니라 전체 전쟁을 구상할 때도 필요하다. 어떤 순서로 싸움을 진행할 것인지, 어떤 방식으로 승리를 준비할 것인지에 대해 전쟁 전체의 시나리오를 미리 생각해두어야 한다. 그것은 넓은 시야로 숲을 그리는 일과 같다.

미래를 내다보는 '수읽기'는 실제 전쟁 기획과 매우 유사하다. 훌륭한 군사전략가는 전쟁을 일으키기 전에 미래를 내다보며 전체 전쟁을 기획하고, 전체 틀 속에서 개별 전투 계획을 세운다. 나폴레옹은 출정에 앞서 수없이 가상 시뮬레이션을 거듭하며 전체 틀을 수정하고, 개별 전투 계획을 세웠다고 한다. 미래 일어날 일과 그 결과를 내다보는 것은 승리를 위한 사전 준비다. 예기치 못한 상황에 맞닥뜨리지 않기 위한 준비이며, 싸움에서 이길 수 있는 환경을 만드는 일이다. 준비된 자가 승리하는 것은 전쟁에서나 바둑에서나 그리고 현실에서 겪는 수많은 경쟁에서나 똑같다.

바둑은 가치 창조 게임이다

바둑에서는 상대보다 큰 가치를 창조한 사람이 이긴다. 그러므로 돌을 놓을 때마다 가치가 큰 곳이 어디인지를 따지고 그곳을 차지할 전략을 궁리해야 한다. 바둑은 두 사람이 똑같이 한 수씩 두는 게임이라서 가치가 큰 곳을 혼자서 차지하기는 물론 어렵다. 때문에, 중요한 자리를 차지하려면 가치가 작은 자리를 포기해야 한다. 이를 위해서 넓은 시야로 전체와 부분을 동시에 고려하는 것이 필수적이다.

바둑이 전체와 부분을 동시에 고려하면서 큰 가치에 집중하는 게임이라는 것은 '선수先手잡기' 전략을 살펴보면 잘 알 수 있다. 중요한 자리를 차지하려면 다른 모든 선택과 마찬가지로 반드시 대가를 치러야 한다. 먼저 선수를 잡아야 하는데 선수를 잡으려면 다른 곳에서 얻을 수 있는 이익을 포기해야 한다. 새롭고 중요한 자리를 차지하려면 남보다 먼저 가치가 큰 곳을 발견하고, 남보다 먼저 기회에 투자해야 한다. 새로운 곳의 이익이 더 크다고 판단되면 재빨리 방향을 전환해야 한다. 돌 하나를 희생하더라도 선수를 잡으라는 '기자쟁선棄者爭先'은 오래전부터 잘 알려진 승리비결 가운데 하나다. 새로운 기회의 땅으로 방향을 돌리려면 기존의 접전 장소에서 먼저 발을 빼야 한다. 부분의 이익을 얻고자 돌을 더 투입하면 결코 그곳에서 빠져나올 수 없다. 그러다가 새로운 기회를 놓치고 만다. 미래의 기회는 상대방 것이 된다. 선수잡기는 가치 중심의 생각이다. 새로운 기회의 이익이 크다면 과감히 기존의 이익을 버리고 그곳에서 떠나야 한다. 지금 접전에서 손해를 보더라도 선수를 잡아 새로운 기회에 투자하는 것이 전체적으로 더 좋은 전략이다.

'사석死石작전'에서도 바둑이 전체를 고려하면서 큰 가치에 집중하는 게임이라는 것을 볼 수 있다. 사석작전이란 자신의 돌을 일부러 버리는 전략이다. 전체적 관점에서 더 큰 가치를 추구하는 통 큰 전략이다. 사석작전의 기본 발상은 선수잡기와 동일하다.

내가 상대의 약한 돌을 공격하려 하면 상대의 최선 전략은 무엇일까? 상대는 무조건 도망치려 하지는 않을 것이다. 도망치면 나에게 공격의 이익을 주게 되기 때문이다. 상대가 도망가지 않고 돌을 버리면 나에게 포획의 이익만 줄 뿐 공격의 이익은 주지 않는다. 그리고 상대는 도망가지 않은 대신 선수를 잡는다. 새로운 곳에서 큰 기회를 노리게 되는 것이다. 그러므로 도망가는 것보다 돌을 버리고 선수를 잡는 것이 더 유리하다면 상대는 적극적으로 돌을 버리는 전략을 택할 것이다. 따라서 상대 돌을 잡을 때는 전체적 관점에서 판단해야 한다. 상대 돌을 잡는 데 지나치게 많은 돌을 투자하거나 훗날 트로이 목마가 되는 상대 돌을 잡으면 소탐대실의 쓰라린 맛을 보게 된다.

바둑은 새로운 시도를 하는 게임이다

바둑은 구조 자체가 새로운 시도를 해야만 하는 구조다. 변화가 무궁무진해서 항상 새로운 상황이 전개된다. 아직 돌이 몇 개 놓이지 않은 초반부터 바로 새로운 상황이 생겨난다. 새로운 상황은 우연히 생겨나기도 하고 자신이나 혹은 상대방에 의해 기획된 것일 수도 있다. 어떻게 생겨났건 새로운 상황에서는 새로운 시도를 해야 한다.

새로운 시도는 성공할 수도 있고 실패할 수도 있다. 새로운 수는 성공하면 성공한 대로 실패하면 실패한 대로 더 높고 새로운 바둑 세계를 이해하는 데 도움이 된다. 새로운 시도에서 얻은 새로운 경험을 통해 시야가 넓어진다.

새로운 시도를 하지 않고 편협한 사고의 틀에 갇히면 바둑은 늘지 않는다. 아무리 바둑을 많이 두어도 이기지 못한다. 바둑 실력을 늘리려면 새로운 상황에서 새로운 시도를 해야만 한다. 바둑은 새로운 상황의 변화를 즐기는 두뇌 게임이다.

빈삼각은 비효율적이며 좋지 않은 모양이라는 것이 바둑의 정석이자 고정관념이다. 따라서 바둑에서는 '빈삼각을 두지 말라'는 격언이 있을 정도다. 그러나 1989년 잉창치배 바둑대회에서 우승한 한국의 조훈현은 린하이펑林海峰과의 4강전에서 바둑 한 판에 두 번의 빈삼각을 두어 이겼다. '패망선'이라고 불리는 제2선에 돌을 두는 것도 바둑에서는 금기다. 제2선은 확실한 집이 작고 중앙으로 향한 잠재적 가치가 적기 때문이다.

따라서 초반 포석과 중반 단계에서는 보통 제2선에 돌을 두지 않는다. 그런데 이창호는 금기인 제2선에 두어 우위를 확보한 적이 적지 않다.

빈삼각과 제2선에 대한 금기는 모양과 효율을 중시하는 일본 바둑에서는 건드릴 수 없는 성역이었다. 일본은 도요토미 히데요시 이래 바둑을 국가적 차원에서 육성시킨 최초의 나라다. 그만큼 바둑에 대한 자부심이 대단하다. 그러나 조훈현과 이창호는 특수한 상황에서 빈삼각이나 제2선이 오히려 특효약이 될 수 있음을 간파했다. 그들에게 건드릴 수 없는 성역은 없었다. 그들은 모양과 효율도 승리를 위한 수단에 불과하다고 보았다. 이러한 새로운 시도는 넓은 시야를 가지고 가능한 모든 경우의 수를 고려하지 않고서는 나올 수 없다.

바둑판에서의 새로운 시도는 생각의 지평을 넓혀 넓은 시야를 갖도록 단련시킨다. 고정관념을 뛰어넘는 체험을 하면서 자신 안에 잠재된 창조의 씨앗을 확인한다. 바둑을 통해 넓은 시야로 보고 크게 생각하는 법을 반복 연습하면, 다른 분야에서도 전체를 보고 크게 생각하는 역량과 습관이 형성된다.

CHAPTER
04

나를
돌아보라

성공이란 거듭되는 실패와 자기반성을 통해서만 이룰 수 있다.

1%만이 자기 일에서 성공하는데

그것은 99%의 실패에서 나온다.

– 혼다 소이치로

나를 돌아보는
피드백

호랑이와 상어가 싸우면 누가 이길까? 육지에서 싸우면 호랑이가 이기고 바다에서 싸우면 상어가 이길 것이다. 육지에서 호랑이에게 대패한 상어는 바다로 돌아가며 깨닫는다. 육지에서 싸우는 건 어리석은 일이라는 걸. 육지에서 아무리 애쓴들 상어가 호랑이를 이기겠는가. 그 경험에서 상어는 싸우는 방식을 스스로 깨닫는다. 상어는 다시는 누구와도 육지에서 경쟁하지 않는다. 대신 상어는 상대를 바다로 끌어들인다. 피드백으로 상어가 얻은 교훈이다.

피드백은 우리의 선택이나 행동 결과에 대한 평가다. 평가는 스스로 할 수도 있고 다른 사람이 할 수도 있다. 우리는 피드백에서 교훈을 얻고 스스로에게 적용해 살아가는 방식을 배운다. 피드백의 예는 주변에서 얼마든지 찾을 수 있다. 아이가 걸

음마를 배우고 달릴 수 있는 것은 피드백에서 교훈을 얻고 학습한 덕분이다. 어른이 각자 살아가는 방식을 깨친 것도 자라면서 피드백을 받아들이고 학습한 결과다.

피드백에 담긴 의미를 제대로 이해하면 자신의 강점과 약점을 알 수 있다. 육지에서 패한 상어는 자신의 강점과 약점을 안다. 자신의 강점을 안다는 것은 매우 중요하다. 강점은 직업과 운명에 연결되어 있다. 독일을 비롯하여 덴마크, 핀란드 등 교육 선진국에서 초등학교 교육 목표를 아이의 소질과 재주를 찾는 데 두는 까닭도 이 때문이다. 자신의 강점과 약점을 파악하면 자신이 일해야 할 분야와 일해서는 안 될 분야를 알게 된다. 육지에서 패한 상어가 자신이 싸워야 할 곳과 싸워서는 안 될 곳을 분명하게 안 것처럼 말이다.

피드백을 통해서 우리는 교훈을 얻을 수 있다. 피드백이 주는 평가를 수용하고 제대로 된 교훈을 얻는다면 자기를 새로운 관점에서 바라볼 수 있고 미래의 기회를 만들 수 있다. 아무리 좋은 책을 많이 읽어도 깨닫는 것이 없으면 의미가 없듯이, 많은 경험을 하고도 제대로 된 교훈을 얻지 못하면 아무 소용없다. 중요한 것은 피드백에서 어떤 교훈을 얻느냐다.

세 명의 아이가 있다. 그들은 비탈길을 달려 내려오다 넘어졌다. 아이1은 그대로 누워 운다. 달리면 넘어지니까 앞으로는 달리지 않겠다고 생각한다. 아이2는 손에 묻은 흙을 털고 일어난다. 그리고 비탈길의 위험을 깨달으며 앞으로는 절대 비탈길에 가지 않겠다고 결심한다. 아이3은 일어나며 왜 넘어졌을까를 생각한다. 그리고 앞으로 비탈길에서는 뛰지 말고 천천히 내려와야겠다고 결심한다.

세 아이는 똑같은 일을 겪지만 서로 다른 교훈을 끌어낸다. 마찬가지로 똑같이 실패를 경험하고도 실패를 거울삼아 성공하는 사람도 있고, 그 실패에서 일어서지 못하고 좌절하는 사람도 있다. 똑같은 피드백을 받아도 깨친 교훈이 다르기 때문이다.

막상 실패와 역경 속에 놓이면 대부분 패배가 아프고 역경에 좌절하여 교훈을 놓치기 쉽다. 경험 속에서 올바른 교훈을 얻으려면 피드백을 직시하고 제대로 받아들여야 한다. 피드백을 수용하고 거기서 배울 수 있어야 한다. 그래야 실패와 고난 속에서 성공 가능성을 찾고 미래의 기회를 만들 수 있다. 동서고금을 막론하고 훌륭한 성과를 거둔 사람은 피드백을 통해서 스스로 배울 줄 아는 사람, 피드백의 달인이다.

강점과 약점을 파악하라

독일에서 태어나 영국에서 활동한 게오르그 프리드리히 헨델 George Fredric Handel은 오페라를 무척 좋아했다. 그는 오페라 작곡가로 성공하고 싶어 이탈리아 각지를 여행하며 오페라를 연구했다. 그리고 20세 때부터 오페라를 작곡해 무대에 올렸다. 그러나 큰 성공을 거두지 못했고, 급기야 1741년에는 빚더미에 앉았다. 그는 자신이 운영하는 오페라 극장의 문을 닫아야 했다.

헨델은 실패를 인정했다. 그리고 왜 실패했는지 곰곰이 원인을 찾았다. 그는 자신이 작곡한 곡들이 상당한 수준이며 청중의 반응도 괜찮았다고 보았다. 그런데 버는 돈에 비해 지출해야 할 돈이 너무 많았다. 오페라를 무대에 올리기 위해 카스트라토변성기가 되기 전에 거세하여 소년의 목소리를 유지하는 남자 가수들에게 지급해야 할 출연료가 엄청났고, 의상비도 만만치 않았다. 거기다가 자꾸 이어지는 출연자들과의 분쟁으로 낭비하는 금액도 많았다. 헨델은 자신을 돌아보며 자신의 약점이 운영 미숙이라는 것을 알았다.

그는 실패를 딛고 일어서기 위해 자신의 강점에만 집중하기로 했다. 그래서 오페라 대신 오라토리오를 선택했다. 종교 성악 음악극인 오라토리오는 무대 의상이 필요 없어 제작비 부담이 적었고, 합창의 역할이 크므로 카스트라토의 출연료도 낮출 수 있었다. 그러면서도 그가 좋아하는 오페라의 매력을 극에 담을 수가 있었다. 1741년 8월 22일 헨델은 오라토리오 '메시아'를 작곡하기 시작해 그로부터 24일 만인 9월 14일에 곡을 완성했다. "신께서 나를 찾아오셨던 것만 같다"고 헨델 스스로 표현할 정도로 단시간에 대단한 작품을 탄생시킨 것이다. '메시아'는 처음 공연되자마자 청중들의 압도적인 찬사를 받았다. 공연은 대성공이었고, 헨델은 경제적 어려움에서 벗어났을 뿐만 아니라 그 시대 최고의 음악가로 등극했다.

헨델이 '메시아'와 같은 대단한 작품을 남길 수 있었던 것은 자신을 돌아보는 피드백을 통해 약점과 강점을 명확히 파악했기 때문이다. 만약 그가 실패를 인정하지 않고 피드백을 제대로 받아들이지 않았더라면 어땠을까? 헨델은 오페라단의 운영에 더욱 힘을 기울였을 것이다. 그 결과가 참담했으리라는 것은 쉽게 상상할 수 있다. 그렇게 되었다면 헨델에게나 인류에게나 크나큰 재앙이다. 피드백을 직시해야 하는 까닭은 자신의 강점이 발현되는 일에 집중하기 위해서다. '메시아'는 헨델이 자신의 강점에 집중함으로써 탄생한 작품이다.

나를 돌아보면 보이지 않던 잘못이 보인다

우리는 거울 없이 자신의 얼굴을 보지 못한다. 마찬가지로 자신의 잘못을 스스로 알아채기가 쉽지 않다. 때로 자신의 눈에는 자신이 내린 잘못된 결정이 보이지 않기 때문이다. 인생에서 성공을 거둔 사람과 실패한 사람의 차이는 자신의 실수와 약점을 스스로 보지 못한다는 사실을 인정하느냐의 여부다. 중국의 명군 가운데 명군으로 평가받는 당 태종太宗 李世民은 자신의 한계를 인정했다. 그는 신하의 의견을 들어 자신의 실정失政을 바로 잡았다. 당 태종은 신하 위징魏徵이 죽자 자신의 잘못을 알 수 있는 거울을 잃었다고 통곡했다.

"구리로 만든 거울을 보면 의관을 정제할 수 있고, 옛일을 거울 삼으면 흥망성쇠를 알 수 있고, 사람을 거울 삼으면 자신의 잘못을 알 수 있다. 나는 항상 이 세 가지 거울로 스스로를 다스렸는데 이제 위징이 죽으니 거울 한 개를 잃었다."

당 태종은 세 가지 거울로 항상 자신을 피드백했다. 구리로 만든 거울로 의관을 바로잡았고, 역사의 거울로 자신의 실정을 평가했다. 그리고 신하 위징의 직언으로 자신의 실수를 바로잡았다. 거울과 역사를 통한 피드백도 훌륭하지만 당 태종을 명군으로 만든 가장 위대한 힘은 신하들의 직언이었다. 왕으로서 신하가 지적하는 잘못을 인정하고 바로잡기란 쉬운 일이 아니다. 그러나 당 태종은 겸허히 신하들의 의견을 듣고 자신의 잘못을 고쳤다. 언제든 자신에게 바른말을 할 수 있도록 간언하는 신하에게 상을 내렸다. 위징은 죽기 전까지 200회가 넘는 상소를 올렸다.

자신의 잘못, 맹점을 스스로 깨닫는 것은 쉽지 않다. 특히 왕처럼 높은 자리에 있는 사람이 내린 잘못된 결정을 나중에 바로잡으려 하면 엎질러진 물인 경우가 많다. 그래서 당 태종은 결정을 내리기 전에 비판적인 피드백을 받고자 신하들의 간언에 귀를 기울이고 마음을 연 것이다. 백성을 위한 성군이 되고자 비판을 달게 받고 스스로 잘못을 고쳤다.

피드백을 직시하면 변화에 적응하는 능력이 생긴다

개인이나 기업의 가장 중요한 능력은 변화에 적응하는 능력이다. 변화하는 기업은 여러 실험과 사례 분석을 통해 잘되는 것은 유지하고 그렇지 않은 것은 개선하거나 포기한다. 잘되는 것을 계속하는 것은 강점에 집중하는 것이다. 잘되지 않는 것을 개선하든지 포기하는 것은 약점을 인정하는 것이다. 이는 피드백을 직시하고 받아들일 때 가능하다.

변화에 적응하는 능력이 탁월한 기업 가운데 하나인 월마트 Wal-Mart는 다음과 같은 모토를 가지고 일한다. "실행하라. 개선하라. 시도하라. 시도한 일이 잘되면 계속하라. 안되면 개선하거나 다른 새로운 것을 시도하라."

월마트는 1981년 약국사업을 시작하기 위해 약사인 클라렌스 아처Clarence Archer를 영입했다. 아처가 첫 출근을 하자, 그의 직속상관은 약국사업은 6개월 만에 끝날 수도 있는 프로젝트임을 그에게 상기시켰다. 아처는 그것이 무슨 뜻인지 잘 알고 있었다. 약국사업은 월마트에게 쉽지 않은 도전이었다. 누가 의사 처방전 약을 사러 월마트에 들어가겠느냐며, 사람들은 월마트 약국사업이 실패할 것으로 전망했다.

그러나 월마트는 주저하지 않고 이 사업을 추진했고, 아처는 성공을 위해 '최고의 약사 고용과 최대한 낮은 가격'이라는 두 가지 원칙을 정했다. 아처는 그 원칙을 실행하기 위해 엄청난 보수를 주고 최고의 약사를 고용했다. 그리고 어느 약국도 가격 경쟁을 할 수 없을 정도로 많은 수의 할인쿠폰을 발행했다. 그 결과 많은 고객들이 월마트 약국을 찾았지만 수익이 나지 않았다. 약을 많이 팔아도 이득이 적어서였다.

그럼에도 월마트는 약국사업을 접지 않고 계속 확대했다. 약국사업이 월마트에 이롭다는 피드백의 결과였다. 약을 사러 온 고객은 처방전을 약국에 내놓고 약이 조제되는 동안 쇼핑을 했다. 이것이 월마트 약국의 매력이었다. 약국사업으로 월마트 고객이 늘어났다. 고객들이 쇼핑카트에 물건을 더 많이 채울 수 있도록 약사들에게 약을 천천히 지으라고 CEO 샘 월튼Samuel Moore Walton이 지시했다는 에피소드가 있을 정도로 약국사업은 월마트 전체 매출에 크게 이바지했다.

월마트는 새로운 것을 두려움 없이 시도하되, 잘되는 것과 잘되지 않는 것을 직시했다. 새로운 것을 시도하여 실패하더라도 피드백을 제대로 읽으면 변화에 적응하는 능력이 생긴다.

피드백의
위력

피드백은 생각과 행동 결과에 대한 자신이나 다른 사람의 평가다. 같은 결과를 두고서도 어떻게 해석했느냐에 따라 평가는 180도로 바뀐다. 고정관념을 깨고 생각을 바꾸면 나락이라고 여긴 곳에서도 정상으로 가는 지름길이 보인다. 해석의 차이가 실패를 성공의 어머니로 만들기도 하고, 성공이 머지않은 일을 포기하게도 만든다.

실패를 분석해 미래를 바꾼다

에디슨은 전구를 발명할 때, 1만 4천여 차례나 실험에서 실패했다. 조수인 프랜시스 젤은 낙담하며 시간만 낭비했다고 투덜댔다. 에디슨은 그런 조수에게 웃으며 말했다. "우린 큰 수확을 얻은 것이네. 시간을 들여 안 되는 방법을 하나씩 찾아낸

거야. 필라멘트로 사용할 수 없는 재료를 벌써 1만여 개나 알아냈지 않나."

피드백 결과를 어떻게 해석하느냐에 따라 일의 성패가 갈린다. 에디슨이 그 많은 실험의 실패를 시간 낭비로 여겼다면 그의 실험실에서 전구는 탄생하지 않았을 것이다. 실패를 어떻게 해석하느냐에 따라 미래가 달라진다.

1950년대 초반, 당시 뉴욕 최대의 백화점 메이시Macy의 로랜드 허시 메이시Rowland Hussey Macy 회장은 고민이 하나 있었다. 바로 가정용품이 너무 많이 팔리는 것이었다. 그래서 어떻게 하면 가정용품 판매를 줄일 수 있을까를 생각했다. 메이시 회장이 가정용품 판매를 줄이려고 한 까닭은 팔수록 손해가 나는 출혈 판매를 하고 있어서가 아니었다. 가정용품 때문에 패션상품 고객이 발을 돌리는 것도 아니었다. 오히려 가정용품을 구매한 고객이 패션상품까지 구매하는 경우도 적지 않았다.

하지만 메이시 회장은 백화점이란 패션상품 매출이 전체 매출의 70%는 되어야 정상이라고 생각했다. 그래서 가정용품 매출이 60%를 차지하고 있는 상황을 건전하지 않다고 판단했다. 그는 패션상품 매출 비중을 70%로 끌어올리기 위해 온갖 노력을 했지만, 성과가 없었다. 그 후 20년 가까이 뉴욕 메이시 백화점은 점점 쇠퇴의 길을 걷고 있었다.

1970년, 경영자가 새로 바뀌면서 메이시 백화점은 쇠락의 길에서 벗어나 다시 번창하기 시작했다. 새로운 경영자가 가장 먼저 한 일은 가정용품이 전체 매출에서 차지하는 중요성을 인정하고 패션상품보다 가정용품에 초점을 맞춘 것이다. 메이시 백화점의 쇠락 원인이 피드백을 제대로 하지 못해서라는 것을 알았기 때문이다. 그는 메이시 백화점의 강점을 찾아, 강점 중심으로 경영을 새롭게 했다.

메이시 백화점의 경우처럼 피드백 결과를 어떻게 해석하느냐에 따라 방황과 쇠락의 길로 들어설 수도 있고 번영의 길에 오를 수도 있다. 피드백을 제대로 해석하지 못하고 변화를 읽지 못하면 성공할 수 없다. 물론 현실의 변화를 냉정히 인정하고 과거와 다른 새로운 결정을 내리는 것은 참으로 어려운 일이다. 아까운 것도 많고 위험도 따른다. 그렇다고 해서 변화의 신호를 무시하고 과거를 지킨다면 그 결과는 결코 희망적이지 않다. 피드백은 병의 증상과 같다. 증상을 보고서 병을 재빨리 진단하고 치료하지 않으면 돌아올 수 없는 강을 건너게 된다. 결과에 대한 해석은 성패를 결정하는 핵심적 요소다.

실패에서 성공 기회를 찾아낸다

접착식 메모지의 대명사인 3M의 포스트잇Post-it은 실패에서 탄생했다. 1970년 3M의 연구원 스펜서 실버Spencer Silver는 한 합성 물질의 새로운 성질을 발견하기 위해 몇 가지 첨가물을 다양한 비율로 섞어 실험했다. 그러다가 접착시킬 수는 있지만 강력하게 붙일 수는 없는 특이한 접착제를 만들어냈다. 그러나 당시 목표는 강력한 접착제를 개발하는 것이었다. 따라서 접착력이 약한 이 제품을 실패작으로 생각했다. 스펜서 실버는 이것을 사내 세미나에 공개했다. 접착력이 약한 그 점을 어딘가에 활용할 데가 있을 것이라는 생각에서였다. 하지만 그의 생각은 크게 지지를 얻지 못했고, 3M은 이 새로운 접착제를 이용할 상품 개발 아이디어를 발굴하지 못했다.

그로부터 4년 뒤, 1974년에 제품 사업부에서 일하던 아트 프라이Art Fry는 교회에서 스펜서 실버의 그 특이한 접착제를 떠올렸다. 아트 프라이는 일요일마다 교회 성가대에서 찬송가를 불렀다. 그래서 찬송가 책에 종이쪽지로 당일 부를 노래들을 표시해두었는데 그게 자주 빠져 허둥대는 일이 많았다. 그날도 그 일이 벌어졌고, 그 순간 아트 프레이는 약간만 접착력이 있어 종이에 붙는 책갈피가 있으면 좋겠다고 생각했다.

아트 프라이는 접착력이 약한 그 접착제를 이용해 책갈피를 만들자고 회사에 제안했다. 회사 사람들의 반응은 대부분 시큰둥했다. 그러나 아트 프라이는 포기하지 않고 포스트잇 시제품을 만들어 직원들에게 나눠주었다. 포스트잇을 한 번 사용해본 직원들은 이 작은 메모지가 얼마나 편리한지, 얼마나 다양한 용도로 사용할 수 있는지 금방 알 수 있었다.

이에 힘입어 3M은 포스트잇을 시장에 내놓았지만, 소비자의 반응이 미미했다. 아트 프라이는 그 이유가 제품에 대한 인식 부족이라고 보고, 홍보에 돌입했다. 그는 3M 회장 비서의 이름으로 포춘이 선정한 500대 기업의 비서들에게 포스트잇을 보냈다. 곧 비서들의 재주문이 쇄도했고 1980년에는 미국 전역에서 판매되었으며, 3M의 가장 대표적인 상품이 되었다.

3M의 포스트잇 사례처럼 실패를 성공으로 이끄는 마법 같은 힘, 그건 우연이 아니다. 스펜서 실버와 아트 프라이는 둘 다 실패에서 성공의 기회를 찾고자 했다. 그들은 실패에 좌절하지도 부끄러워하지도 않았다. 스펜서 실버는 접착력이 약한 것이 오히려 쓸모 있는 데가 있으리라 믿었다. 다만 그에게 활용 아이디어가 없었을 뿐이다. 아트 프라이는 처음 시장 판매의 실패를 겪으며 그 원인이 무엇인지 파악했다. 그는 홍보의 키포인

트를 찾아 실패를 성공으로 역전시켰다. 어떤 실패든 그 안에는 성공의 씨앗이 있다. 그걸 찾아 키우면 포스트잇과 같은 마법의 꽃이 핀다. 실패에서 성공 가능성과 기회를 찾아내는 것이 피드백의 힘이다.

같은 실수를 되풀이하지 않는다

비행기는 가장 안전한 교통수단이다. 사람이 비행기 사고로 죽을 확률은 자동차 사고로 죽을 확률보다 훨씬 낮다. 독일의 오하인Hans von Ohain이 만든 제트 여객기가 첫 비행에 성공한 것은 1939년 8월이다. 1920년대 이미 대중화된 자동차보다 훨씬 뒤늦게 출발한 비행기가 더 안전한 비결은 무엇일까? 그 비결은 올바른 피드백이다.

비행기 사고가 나면 항공사고 수사대는 즉시 현장조사를 한다. 사고 인근 지역에서 비행기 파편을 수집하고 블랙박스를 찾는다. 목격자와 생존자의 인터뷰 자료를 녹취한다. 기체결함과 정비실수 등이 있지 않았나를 따지고, 기상 상황과 활주로 상태 등이 사고의 원인이 되지 않았는지를 살핀다. 또한, 기장과 부기장의 심리상태와 스텝들의 소통구조 등도 분석한다.

몇 년이 걸리더라도 그렇게 철저히 조사하고, 사고상황을 재현하여 되짚어보며 분석한다.

그리고 사고원인이 밝혀지면 그 원인에 따라 즉각적인 사고 예방 조처를 한다. 기체결함이 원인으로 밝혀지면 동일 기종의 비행기를 운항하고 있는 항공사는 반드시 결함을 보완해야 한다. 같은 사고와 실수를 되풀이하지 않기 위해서다. 비행기의 안전장치와 안전수칙은 대부분 이렇게 사고 이후 밝혀진 문제점을 피드백해서 만들어진 것들이다.

토론으로 문제해결능력을 높인다

미국 항공우주국 NASA의 두 우주선, 아폴로 13호와 컬럼비아호의 사고는 대화와 토론이 피드백에 얼마나 중요한지를 극명하게 보여주는 사례다.

1970년 4월 11일, 아폴로 13호가 달 탐사를 목적으로 발사되었다. 그런데 순조롭게 나아가던 우주선이 달의 궤도 가까이에서 사고를 일으켰다. 사령선의 산소탱크가 폭발한 것이다. 우주 비행사는 NASA 본부에 긴급 상황을 알렸다. 그리고 4월 17일, 아폴로 13호는 지구로 무사히 귀환했다.

2003년 1월 16일, 우주왕복선 컬럼비아호가 발사되었다. 발사 순간 단열재 한 조각이 우주선 외부 연료탱크에서 떨어져 나갔고, 그 조각은 컬럼비아호 왼쪽 날개를 때려 구멍을 냈다. 2003년 2월 1일, 임무를 마치고 지구 대기권으로 진입하던 컬럼비아호가 폭발했다. 7명의 우주 비행사가 목숨을 잃었다.

왜 아폴로 13호는 무사귀환 했는데, 컬럼비아호는 그러지 못했을까? 아폴로 13호는 문제를 해결했는데, 왜 컬럼비아호는 문제를 해결하지 못하고 공중에서 폭발하고 말았을까?

아폴로 13호의 경우, 우주 비행사가 긴급 상황을 NASA에 알렸을 때 그들에게는 생존시간이 오직 18분만 남아 있었다. 산소탱크가 폭발했으므로 18분 뒤에는 우주 비행사들의 호흡이 곤란할 터였다. 휴스턴 지상관제센터의 위기관리 책임자 진 크란츠Gene Kranz는 즉각 몇 개의 NASA 팀과 모여 시간을 벌 방법을 찾아냈다. 그는 우주 비행사들을 산소와 전기공급 장치가 따로 있는 탐사 모듈로 이동하도록 지시했다. 탐사 모듈에는 두 명이 이틀 동안 겨우 쓸 수 있는 정도의 자원이 있었다. 진 크란츠는 아폴로 13호를 제작하는 데 관여한 모든 엔지니어와 팀을 소환했다. 그리고 한 방에 몰아넣고 탐사 모듈의 자원을 나흘 동안 세 명이 쓸 방법과 그들을 지구로 무사히 귀환

시킬 방법을 찾아내라고 지시했다. 그들은 대책을 찾을 때까지 그곳을 벗어나지 않고 논의하는 '끝장토론'을 시작했다.

끝장토론에 참가한 NASA의 팀과 그 구성원들은 서로에게 익숙했다. 긴급상황이 발생했을 때를 대비해 수개월 전부터 이런 훈련을 해왔기 때문이었다. 그래서 그들은 상호 피드백하며 재빨리 해법을 찾아냈다. 대화와 토론으로 피드백하는 훈련이 아폴로 13호를 위기에서 구한 것이다.

한편 컬럼비아호 경우, 엔지니어들은 발사를 마친 뒤 영상을 통해 발사 순간을 모니터하면서 단열재 조각이 떨어져 나갔다는 것을 알았다. 그래서 NASA 상부 책임자들에게 알렸지만, 그들은 심각하게 받아들이지 않았다. 전에도 이와 비슷한 일이 있었지만 별문제가 없었다는 게 이유였다. 엔지니어들은 인공위성을 보내 구멍 난 날개의 사진을 찍어보자고 상부에 요청했다. 하지만 이 요청도 받아들여지지 않았다. 우주 비행사들이 우주 유영을 하며 구멍 난 날개의 상태를 점검하고 수리하도록 지시하자는 제안도 무시됐다. 그 결과 충분히 대비할 수 있는 시간과 여력이 있었음에도 무참히 사고를 당하고 말았다.

아폴로 13호 팀이 열린 토론을 중요하게 여긴 것과 달리 컬럼비아호 팀은 토론이 없었다. 컬럼비아호 팀의 토론 거부는 올바른 피드백을 받을 수 없는 상황을 만들었다. 토론을 거친 피드백과 토론 없는 피드백은 하늘과 땅 차이다. 토론은 관점이 다른 사람 사이의 견해 차이를 해소한다. 소통하는 과정에서 더 좋은 대안을 만든다. 다양한 사람이 토론에 참여할수록 피드백의 위력은 더 커진다. 토론과 피드백이 맞물리면 상상하지 못한 성과를 만들어낸다. 혼자의 힘으로는 해결하기 힘든 문제의 답을 찾아낸다. 반면 토론 없는 피드백은 일방적이다. 사실상 피드백이 차단된다. 문제를 이해할 수 없고 따라서 해결할 수도 없다.

자기 생각과 판단만이 옳다고 믿는 사람은 위험하다. 다른 사람의 피드백을 거부한 독재자나 기업이 끝내 어떻게 되는지를 우리는 역사 속 많은 사례를 통해 잘 알고 있다. 만약에 내가 속한 조직이 현재 대화와 토론을 거부한다면 당장 거기서 나와야 한다. 비전이 없을 뿐만 아니라 함께 좌초할 위험이 크다.

피드백의 위력을
얻는 방법

　앞에서 살펴본 비탈길을 달려 내려와 제각기 다른 교훈을 얻은 세 아이의 미래를 가늠해보자. 아이1은 웬만하면 어떤 시도도 하지 않는 현실안주형, 아이2는 넘어질 요소가 있으면 아예 시도하지 않는 위험기피형, 아이3은 넘어질 곳에서 미리 조심하는 위험관리형이 될 확률이 높다. 세 아이 가운데 성공 가능성이 가장 큰 사람은 누구일까? 물론 성공을 위한 조건은 여러 가지다. 하지만 피드백에서 교훈을 얻는 역량은 아이3이 최고라는 데 이의가 없을 듯하다.

　똑같은 경험을 해도 사람마다 배우는 것이 다르다. 그 이유는 피드백 분석역량과 피드백 분석결과에서 배우는 학습능력이 사람마다 다르기 때문이다. 미래의 가능성, 강점과 약점을 보는 눈, 결과에 대한 원인분석과 해석역량이 사람마다 다르다. 즉,

피드백 결과를 해석하는 힘이 사람마다 다르다.

"당신이 겪은 가장 큰 실패는 무엇입니까? 그것을 통해 무엇을 배웠습니까?" 마이크로소프트의 직원채용 면접에서 빠지지 않는 질문이다. "우리는 실수를 통해 배우고 적극적으로 응용할 수 있는 사람을 찾는다"고 마이크로소프트 부사장인 마이클 메이플스Michael Maples는 말한다. 마이크로소프트는 실패에서 교훈을 얻고 그 교훈을 실천할 줄 아는 사람을 찾는다.

어떤 분야에서든 성공하려면, 피드백 결과에서 교훈을 끌어낼 수 있어야 한다. 이를 위해서는 피드백 결과를 제대로 읽고 해석할 수 있어야 한다.

정기적으로 피드백을 분석한다

피드백 결과에서 올바른 교훈을 끌어내려면 피드백 분석을 습관적으로 자주 해야 한다. 현실은 늘 새롭다. 과거의 피드백 분석결과는 분석 당시의 강점과 기회를 말해준다. 즉 1년 전의 피드백 분석결과가 지금은 교훈이 되지 않을 수도 있다. 피드백 분석결과는 새로운 현실을 담고 있어야 한다. 피드백 결과에서 내일의 기회를 만들 수 있기 때문이다. 그러므로 과거의 피드백 분석에서 내일의 기회를 찾아서는 안 된다. 새로운 현실, 즉 오늘의 시점에서 피드백을 분석하고, 그 결과에서 자신의 강점을 찾고 재확인해야 한다.

피터 드러커는 피드백 분석을 습관화하고 자신의 강점을 해마다 점검했다. "살면서 배운 가장 중요한 교훈은 해마다 그해에 달성한 성과를 되돌아보고, 내가 예상했던 기대치와 비교해보아야 한다는 것이다." 드러커는 30대 초반부터 죽는 날까지 60여 년 동안을 자신의 의사결정과 행동에 대해 1년에 한 번씩 정기적으로 피드백했다. 자신의 기대치와 실제 결과를 비교하면서 일의 성과를 확인하고, 자신의 역량을 점검했다.

그는 여름마다 2주일 동안의 피드백 기간을 가졌다. 드러커는 대학교수로 재직하면서 경영 컨설팅과 저술활동을 했는데 이 기간의 피드백은 이 일에 관한 것이었다. 가장 먼저, 잘했지만 더 잘할 수 있었던 일 또는 더 잘해야만 했던 일을 검토했다. 다음으로는 잘못한 일을 검토했고, 마지막으로 해야 했는데 하지 않은 일을 검토했다. 그리고 피드백 분석결과에 따라 자신의 강점이 발현되는 일 중심으로 앞으로 할 일의 우선순위를 결정하고 계획을 수립했다.

피드백 시간을 정기적으로 따로 갖는 것은 피터 드러커만이 아니다. 마이크로소프트의 빌 게이츠는 1년에 두 차례 '생각 주간think week'을 만들어 홀로 호숫가 통나무집에서 피드백 시간을 가진다. 버락 오바마Barack Obama, 워런 버핏Warren Edward Buffett 등 성공한 리더들 역시 마찬가지다.

성공한 기업도 개인과 마찬가지로 피드백 분석을 무엇보다 중요하게 여기며 피드백 분석을 위한 시간을 갖는다. GPTWGreat Place to Work Institute는 해마다 세계 각지에서 일하기 좋은 회사를 조사해서 발표한다. 2012년 '덴마크에서 가장 일하기 좋은 회사'로 로슈 덴마크Roche Denmark가 선정되었다. 로슈 덴마크는 스위스에 본사를 둔 덴마크 현지법인으로, 100여 명의 구성원이 일하는 그리 크지 않은 제약회사다.

로슈 덴마크가 가장 일하기 좋은 회사로 뽑힌 비결은 피드백 분석역량에 있었다. 로슈 덴마크의 100여 명의 임직원은 팀별 회의와 세미나를 통해 수시로 피드백을 주고받을 뿐 아니라, 매달다 함께 피드백 시간을 가진다. 팀별 피드백 분석 회의에서 현재 자신들이 어느 정도 일을 잘하고 있는지 평가하고, 그 평가에 따라 어떤 부분을 보완할 것인지, 어떤 것에 더 집중할 것인지를 결정한다. 그리고 1년에 두 번씩 코펜하겐 교외에서 2박 3일로 피드백을 위한 전 직원 콘퍼런스를 연다. 이 모임에는 안내데스크 직원이나 식당에서 일하는 직원까지 모두가 참여한다. 전 직원이 모두 함께 회사의 비전과 가치를 공유한다.

로슈 덴마크의 피드백 시스템은 그뿐이 아니다. 수시로 사장과 전체 직원이 30분 정도의 미팅 시간을 가진다. 거기서는 직급에 상관없이 누구나 새로운 시도, 문제점 등에 대해 자기 의견을 펼칠 수 있다. 회사와 구성원은 서로가 서로에게 귀와 마음을 열고 평가하고 또 평가되고자 한다. 이런 피드백 분석의 습관화가 로슈 덴마크를 가장 일하기 좋은 회사, '행복한 일터', '신이 내린 직장'으로 만든 것이다.

잘되는 것에 집중하고 강점을 파악한다

메리어트Marriott 인터내셔널 그룹은 피드백 결과를 제대로 해석해서 성공한 회사로 유명하다. 1927년, 워싱턴에서 부인과 함께 음료수 가판대인 루트 미어 스탠드를 연 윌러드 메리어트 J.Willard Marriott는 그로부터 10년 뒤 9개의 체인을 가진 레스토랑을 운영하고 있었다. 사업 전망이 아주 좋아 그는 레스토랑을 계속 확장할 계획이었다.

그런데 워싱턴 시 후버공항 근처의 8호점에서 특이한 현상이 일어났다. 그 현상이 메리어트 인터내셔널 그룹의 운명을 바꿨다. 메리어트 레스토랑은 깔끔하고 서비스가 좋기로 유명해 식사를 즐기러 오는 손님이 많았다. 그런데 다른 가맹점과 달리 8호점을 방문하는 고객은 포장을 요구하는 사람이 유독 많았다. 즉 비행기에서 먹을 음식을 사러 온 것이었다. 담당 직원은 그 사실을 본사에 보고했다.

8호점에서 일어나는 현상을 메리어트는 새로운 유형의 고객 출현으로 해석했다. 그는 곧 이스턴 에어 트랜스포트Eastern Air Transport를 방문했다. 그리고 기내에서 먹을 수 있는 음식을 메리어트 로고가 붙은 트럭을 이용해 활주로에서 직접 전달하는 사업을 제안했다. 그 제안은 바로 계약되었고, 몇 달이 지나지 않아 아메리칸 항공사로 서비스가 확장되었다. 그리고 곧 100여 개의 타 항공사로까지 서비스가 확장되어 메리어트 인터내셔널의 핵심 사업이 되었다.

1950년대 메이시 백화점 회장이라면 8호점의 새로운 유형의 고객을 보고 어떻게 반응했을까? 아마도 포장을 요구하는 고객은 고급 레스토랑의 이미지에 어울리지 않는다며 어떻게 그 비중을 줄일까 골몰했을지도 모른다. 피드백 결과를 제대로 읽지 못하면 미래의 기회를 잃는다.

실패에서 배운다

3M의 CEO를 지냈던 루이스 레르Lewis Lehr의 말처럼, 성공보다 실패로부터 배우기가 훨씬 쉽다. 성공에서 배우려면 성공에 관한 연구가 필요하기 때문이다. 성공 요인은 사람마다 다르고 파악하기도 어렵다. 하지만 실패 요인에는 공통점이 많다. 그래서 성공보다 실패에서 훨씬 쉽게 많은 것을 배울 수 있다.

모든 실패는 이유가 있다. 성공이 행운의 여신이 준 선물이 아닌 것처럼, 아니 땐 굴뚝에서 연기가 나지는 않는다. 많은 사람이 실패에 대해 핑계를 댄다. 남의 탓, 세상 탓, 불운 탓을 한다. 그러나 핑계가 실패한 사람에게 줄 수 있는 것은 아무것도 없다. 실패에서 교훈을 얻지 못하면 그는 앞으로 또 다른 실패를 맞게 될 뿐이다. 모든 실패에는 내 잘못이 있다. 내가 중요한 요인을 미처 생각하지 못했거나 어떤 요인을 경시했기에 실패한다. 실패 속에는 반드시 교훈이 담겨 있다.

실패는 아프다. 그래서 대체로 사람들은 실패에 관해 얘기하려 하지 않는다. 가능하면 실패의 경험을 잊으려 한다. 그러나 그것은 옳지 않다. 실패를 인정하고 그 이유를 밝혀내야 한다. 실패의 원인을 잊어서는 안 된다. 그래야 실패가 미래의 성공을 위한 훌륭한 자산이 된다.

"팔 수 없는 것이라면 나는 발명하지 않는다. 팔린다는 건 유용하다는 증거고, 유용하다는 게 곧 성공이다." 토마스 에디슨의 말이다. 에디슨의 발명품은 첫 번째 발명품만 빼고 모두 잘 팔렸다. 에디슨은 아이디어가 떠오른다고 무조건 발명하지는 않았다. 발명 아이디어가 상품이 되면 과연 잘 팔릴까를 미리 따졌다. 그랬기에 그의 발명품들은 성공할 수 있었다. 발명하기전에 미리 따져봐야 한다는 것을 에디슨은 첫 번째 발명품의 실패에서 배웠다.

에디슨은 1896년 생애 최초로 특허권을 취득했다. 최초의 발명품은 주의회를 고객으로 생각하고 만든 투표기록기였다. 의원 책상에 부착해, 의원들이 찬반 스위치를 누르면 곧장 집계되는 시스템이었다. 또 의원 개개인이 어느 쪽에 투표했는지가 공개되고, 개별 의원들의 투표결과가 공문서에 기록까지 되는 기계였다. 그러나 정치인들은 이 발명품에 관심을 보이지 않았다. 투표기록기는 어떤 주의회에서도 채택되지 않았다. 에디슨의 첫 발명품은 실패로 끝났다.

"성능이 좋을수록 이 기계가 팔리는 것은 불가능했다. 소수의 신성한 특권 때문에 그 기계는 사용되지 못했다. 투표결과가 대중에게 분명히 알려지고 공문서에 기록되는 그런 혁신은 불가능하다는 것을 뒤늦게 깨달았다. 하지만 이 실패에서 시간과 정력을 쏟기 전에 발명품의 현실적 필요성과 수요를 확실히 해야 한다는 것을 배웠다."

에디슨은 실패를 인정하고 그 원인을 분석함으로써 똑같은 잘못을 되풀이하지 않았다. 이후 그의 발명품이 모두 잘 팔린 것은 실패 속에서 원인을 찾고 배웠기 때문이다. 실패의 원인을 찾지 않고 실패를 잊으려는 것은 진주가 든 조개를 그냥 끓여 먹는 것과 같다. 성공으로 가는 길을 마다하고 또 다른 실패의 길로 걸어가는 것이다. 실패에는 반드시 원인이 있다. 우연한 실패란 없다. 원인을 찾아야 한다. 그래야 똑같은 실패를 되풀이하지 않는다. 실패는 고통스러운 과거의 추억이 아닌 행복한 미래의 자산이다.

실패는 성공의 디딤돌

갓난아이는 수없이 넘어져야 제대로 걷는다. 자전거를 배울 때도 몇 번은 넘어져야 제대로 탈 수 있게 된다. 단 한 번의 실패도 없이 성공하는 일은 거의 없다. 성공에 이르기까지는 몇 번의 실패를 겪을 수밖에 없다. 넘어질 때마다 균형 감각을 익히고 또 익혀 우리는 제대로 걷게 되고 자전거 타는 법을 배운다. 그런 의미에서 실패는 실패가 아니다. 실패는 성공에 이르는 과정이며 디딤돌이다.

농구의 황제를 넘어 농구의 신으로 불리는 마이클 조던은 은퇴 선언 기자회견에서 말했다. "나는 농구선수로 활동하는 동안 슛을 넣는 데 9,000번 이상 실패했다. 그리고 거의 300게임에서 패배했다. 그 가운데 26게임은 내가 결승 골을 놓쳤기 때문에 졌다. 나는 인생에서도 수많은 실패를 거듭했다. 그것이 바로 나의 성공 비결이다."

고등학교 시절까지 별로 뛰어나지 못해 선수단에 끼지도 못했던 그가 노스캐롤라이나 대학에 장학생으로 들어가고, 시카고 불스 팀에 입단해 농구의 신으로 거듭나기까지 얼마나 많은 실패를 겪었겠는가. 그러나 마이클 조던은 실패를 과정으로 여겼다. 실패를 성공에 이르는 디딤돌로 삼고 실패에서 배웠다. "성공에는 지름길이 없다"고 한 그의 말은 그런 경험에서 나온 뜨거운 고백이며 생생한 인식이다.

실패를 두려워하지 않고 도전한다

실패를 두려워하는 사람이나 기업은 새로운 도전을 할 수 없고, 새로운 도전을 하지 못하면 혁신에 뒤처질 수밖에 없다. 실패를 두려워하고 창피해 한다는 것은 성공과 실패를 결과 중심으로 보는 것이다. 그러나 실패는 성공의 반대가 아니며, 마지막 결과물은 더더욱 아니다. 실패는 성공으로 가는 과정이다. 실패하지 않고 성공하는 법을 배우기란 거의 불가능하다. 실패를 허용하지 않는 개인과 기업은 성공할 수 없다.

미국의 컴퓨터 제조회사였던 버로우스Burroughs는 1960년대 초반, IBM보다 기술적 우위에 있었다. 그런데 버로우스의 레이 맥도날드Ray Macdonald 사장은 실패를 용납하지 않았다. 실패하거나 실수하는 직원을 호되게 꾸짖고 새로운 것을 시도하려는 직원은 내쫓았다. 그는 모든 결정을 혼자 독점했다. 실패를 두려워한 직원들은 소극적으로 일했다. 그 결과 버로우스는 IBM보다 뒤처지고 말았다.

버로우스의 쇠락은 실패를 무조건 부정적으로 보고 피드백의 위력을 인정하지 않은 결과였다. 레이 맥도날드 사장은 피드백 분석의 기회를 원천봉쇄한 것이다.

실패를 자산이 아닌 부채로 보는 기업은 성공할 수 없다. 실패로부터 배우지 못하는 기업은 성공할 수 없다. 현재 성공의 자리에 올라섰다 해도 그 성공은 지속하지 않는다. 지속적 성공을 위해서는 변화 속에서 끊임없이 혁신의 기회를 탐색하고 분석해야 한다. 가장 성공한 기업은 실패를 두려워하지 않고 끊임없이 새로운 제품에 도전하는 기업이다. 휼렛 패커드HP의 빌 휼렛Bill Hewlett은 어떤 기업이 가장 성공한 기업이라고 생각하느냐는 질문에 망설이지 않고 3M이라고 답했다. "3M이 어떤 제품을 내놓을지 아무도 모른다." 혁신과 도전의 기회가 활짝 열려 있는 기업이 계속해서 성공할 수 있다는 의미다.

빌 게이츠도 실패를 두려워하지 말고 도전할 것을 역설했다. "지금 우리는 몇 번 실패할 정도의 여력은 가지고 있다. 그러나 아무런 시도도 하지 않고 가만히 앉아 있을 여유는 없다." 실제로 마이크로소프트사의 성공한 제품들은 실패를 디딤돌 삼아 만들어진 것들이다. 오메가라는 데이터베이스 프로그램의 실패를 통해 마이크로소프트 액세스를, 로터스1-2-3보다 진보된 스프레드시트spreadsheet 개발 실패를 통해 엑셀을 탄생시켰다.

대화와 토론으로 검증한다

손자孫子는 지피지기백전불태知彼知己百戰不殆, 상대를 알고 나를 알면 백 번 싸워도 위태롭지 않다고 했다. 객관적으로 상대와 나를 제대로 알기만 하면 전쟁에서 최소한 위태로워지는 것은 막을 수 있다는 말이다. 정확한 판단과 평가가 중요하다는 것이다. 그런데 현실에서 나를 알고 상대를 알기는 쉽지 않다. 흔히 나를 알기는 쉽고 남을 아는 것이 어렵다고 여긴다.

그러나 따져보면 남보다 나를 제대로 아는 것이 더 어렵다. 남의 얼굴은 볼 수 있지만, 거울 없이 내 얼굴은 보지 못한다. 거울이 있어도 내 뒷모습을 나는 보지 못한다. 다른 사람의 눈을 통하지 않고 나를 제대로 보기란 참 어렵다. 나의 성공과 실패, 나의 행동 결과에 대한 나 혼자만의 피드백은 그래서 위험하다. 당 태종이 신하 위징을 통해 비판적 피드백을 구한 까닭도 그래서다. 칭기즈칸도 혼자서 판단하는 것의 위험을 잘 알고 있었다. "적은 밖에 있는 것이 아니라 내 안에 있었다. 나는 거추장스러운 것은 모두 쓸어버렸다. 나를 극복하는 그 순간 나는 칭기즈칸이 되었다." 절대 권력을 가진 칭기즈칸은 죽는 날까지 다른 사람의 의견에 귀를 기울였다.

스스로 보지 못한 내 모습을 정확히 비추어 볼 수 있는 거울은 대화와 토론이다. 내가 간과한 문제점을 찾고, 나의 행동에 대해 공정한 평가를 하기 위해서, 또한 미지의 문제를 발견하고 해결하기 위해서 대화와 토론이 필요하다. 대화와 토론을 하면 상황을 정확히 파악할 수 있고 개선점을 알 수 있다. 나아가 창의성이 발현된다.

월트디즈니픽처스의 자회사인 픽사 애니메이션 스튜디오Pixar Animation Studio에서는 매일 아침 데일리스 회의가 열린다. 데일리스 회의는 애니메이터들이 전날 각자 한 작업을 관계자들과 공유하며 함께 분석하고 개선하는 집단 작업이다. 그러므로 데일리스 회의는 대화와 토론을 통한 피드백의 장이다.

불완전한 작업 내용을 감독과 동료들에게 보여주고 냉정한 평가를 받는다는 것은 자칫 자존심이 상하거나 의기소침해질 수 있는 일이다. 그러나 픽사의 모든 직원은 훌륭한 작품을 만들어내겠다는 공동의 목표 아래 그러한 감정들을 내려놓는다.

픽사의 애니메이터들은 동료들의 비평을 받아들여 수정할 때 자신이 그린 장면과 캐릭터의 표정 등이 훨씬 더 풍부해고 세밀해진다는 것을 경험으로 안다. 그들은 장면마다 함께 고민하고 부족한 부분을 집어내서 수정하는 것이 작품의 질을 월등히 높인다는 것을 확실히 알고 있다. 그들은 혼자서는 답을 낼 수 없으므로 열띤 토론과 비평을 당연히 겪어야 하는 것으로 받아들인다.

그래서 그들은 날마다 데일리스 회의를 통해 협력 의식을 키우고 서로를 돕는다. 누구도 거기서 창피와 두려움을 느끼지 않는 게 픽사의 문화다. 피드백을 통해 그들은 더욱 작품에 몰두하고 창의성을 발휘한다. 《브레이브》, 《인 사이드 아웃》, 《몬스터 주식회사》, 《카》 등 픽사의 작품들은 이러한 피드백의 힘으로 만들어졌다.

피드백의 위력을 깨치는
도구 바둑

바둑은 피드백 위력을 배우기에 탁월한 게임이다. 바둑의 복기 과정에서 피드백의 위력을 배울 수 있다. 바둑의 복기는 게임이 끝난 후 상대와 함께 대국을 되짚어보는 피드백 분석과정이다. 복기 과정에서 패배의 원인과 승리 요인을 분석하고 잘잘못을 따지는 피드백 분석이 이루어진다.

실제로 바둑의 정상급 프로 기사는 피드백 습관과 분석역량이 뛰어나다. 고수일수록 자신의 강점과 약점을 빠르게 파악한다. 또 무엇을 더 배워야 할 것인지를 찾아내는 역량이 빼어나다. 피드백 평가를 받아들이는 능력도 대단하다.

승자와 패자가 함께 자신이 선택한 수와 전략을 하나씩 되짚어보는 복기는, 사후事後 시뮬레이션이라고 할 수 있다. 실제로 일이 끝난 뒤 되짚어보는 시뮬레이션은 비즈니스, 스포츠, 범죄 수사, 군사작전 등 많은 분야에서 피드백 분석의 도구로 사용된다. 세일즈맨은 중요한 거래가 성사되지 못하면 마케팅 과정을 되짚어본다. 프로 축구팀은 경기가 끝나면 녹화된 비디오를 보며 분석한다. 범죄 수사에서는 범행을 되짚는 현장검증을 통해 수사가 제대로 이루어졌는지 필수적으로 확인한다.

그러나 비즈니스, 스포츠 등에서 행해지는 이와 같은 사후 시뮬레이션을 통해 피드백 분석을 배우기는 어렵다. 반복 연습을 할 수 없기 때문이다. 그러나 바둑에서는 게임이 한 판 끝날 때마다 매번 복기할 수 있다. 즉 반복적인 피드백 연습이 가능하다. 이것이 바둑이 피드백의 위력을 배우고 연습하기에 탁월한 도구인 이유다.

새로운 선택과 새로운 실험

하나씩 되짚어보는 복기는 바둑의 관습이다. 고수들에게 복기는 불문율이다. 프로기사는 물론 웬만한 아마추어도 바둑이 끝나면 으레 복기를 한다. 최정상급 프로기사가 밤늦게까지 복기를 했다는 일화도 적지 않다.

1991년, 동양증권배 결승에서 린하이펑林海峰과 이창호가 만났다. 이 경기에서 린하이펑은 중반까지 우세했지만, 종반에 이창호에게 역전당했다. 아깝게 세계 챔피언을 놓친 그는 열일곱 살 소년인 이창호를 붙들고 꽤 오랫동안 복기를 했다.

반복적으로 훈련할 수 있는 바둑의 복기는 또한 그 연습이 지루하거나 전혀 힘들지 않다. 복기는 단순히 되돌아보는 것이 아니기 때문이다. 복기는 상황을 되돌릴 뿐 가지 않은 다른 길을 가보는 것이기에 언제나 새롭다. 한 길이 아니라 여러 갈래로 무한히 영역을 넓히는 것이기에 흥미롭다. 자신이 방금 싸웠던 그 실전의 전장戰場에서 새로운 선택과 새로운 실험을 벌이는 것이므로 집중하게 되며 창의력이 발휘된다.

실전에서 가보지 못한 새로운 길을 탐색하고 실험하기 때문에 복기 과정에서는 더 넓은 시야로 더 자유롭게 생각할 수 있다. 그런 의미에서 복기는 단순히 과거에 대한 회고가 아니다. 복기는 새로운 시도이며 창조적 실험이다. 복기 과정에서 오가는 상대와의 토론은 창조적 생각을 위한 자극이다.

실패에서 배운다

복기를 하다 보면 실패에서 교훈을 찾고 부족한 역량을 보완하는 연습이 된다. 실패에서 배울수록 바둑이 강해진다. 그것을 여러 번 체험하면 자연스럽게 실패를 배움의 기회로 생각하게 된다. 실패를 당연히 성공의 디딤돌로 여긴다. 돌부처라고 불리는 이창호는 자신의 성공요인을 복기에서 찾는다. "내게는 천재적인 재능은 없지만 그 대신 끈기가 있다. 패한 대국을 다시 놓아보며 실패의 원인을 찾는 복습의 노력만큼은 누구보다 더 많이 했다." 이창호는 패배한 바둑을 복기하면서 왜 졌는지 그 원인을 찾고 자신의 단점을 보완했다.

바둑은 실패의 체험을 통해서 실력이 향상되는 게임이다. 실패를 두려워하지 않고 도전할수록 바둑은 실력이 는다. 일본의 오오다케大竹英雄는 패배의 위력을 다음과 같이 말했다.

"오늘 져도 좋다는 생각으로 바둑을 둬보자. 오늘은 다섯 판모두 지고 돌아가자. 한 판도 이기려는 마음 없이 바둑을 두는 것이 좋다. 다섯 판을 두어 모두 지면 다음 날도 같은 식으로 해보라. 다음 날도 다음 날도 또 패한다면 패배할수록 전투의 힘이 늘어날 것이다. 이긴 바둑에서는 별로 얻는 것이 없지만 실패한 바둑을 통해서는 반드시 실력이 늘어난다."

바둑의 복기는 실패에서 배우는 과정이다. 실패에서 교훈을 얻으면 그것은 실패한 것이 아니라는 것, 오히려 실패에서 성공의 기회를 끌어낼 수 있다는 걸 복기 과정에서 알게 된다. 실패의 위력을 깊게 이해하게 되는 것이다. 즉 복기를 통해 실패에서 배우는 법을 익히게 된다.

복기를 통해 실패의 힘을 알게 된 사람은, 작은 승리에 집착하지 않는다. 실패에서 배우는 법을 알면 바둑에서뿐만 아니라 다른 일에서도 실패를 두려워하지 않는다. 그렇게 되면 어떤 분야에서도 새로운 시도를 주저하지 않는다. 실패 속에서 교훈을 찾아낼 수 있는 능력이 있는 한 실패할수록 더 강해지고 성공에 더 가까이 다가가게 되기 때문이다.

피드백 분석방식을 알려주는 바둑

바둑으로 피드백 분석방식을 배울 수 있다. 복기를 하면서 자신의 강점과 약점, 앞으로 배워야 할 것, 하지 말아야 할 것이 무엇인지를 파악한다. 현재 자신의 바둑 수준을 끌어올리기 위해 보완해야 할 부분이 무엇인지, 그 보완을 위해 어떤 노력을 기울여야 하는지를 찾아낸다. 이처럼 바둑에서 피드백 결과 분석방식을 익히면 현실에서 응용할 수 있다. 어떤 분야에서든 실패의 원인을 분석하고 강점과 약점, 잘한 일과 잘못한 일을 스스로 고민하고 찾아낼 수 있게 된다.

또한, 바둑은 피드백 분석결과를 현명하게 받아들이는 자세를 갖게 해준다. 피드백을 분석해놓고도 그것을 받아들이지 않으면 아무 의미가 없다. 피드백 분석으로 얻은 결과를 무시하고 기존의 자기 방식을 그대로 고집하면 바둑이 늘지 않는다. 갑 속에 든 칼일 뿐이다. 바둑을 두는 사람은 이 사실을 체험으로 잘 알고 있다. 반면에 피드백 분석결과를 받아들여 생각을 바꾸는 사람은 스스로 바둑 수준이 향상되는 걸 느낄 수 있다. 수준이 향상된 걸 확인하면 그 사람은 대국을 되짚어보는, 피드백 분석에 더욱 집중한다.

제대로 된 피드백 분석결과는 훌륭한 선생이 작성한 '학생 진단 평가서'와 같다. 훌륭한 선생이 하는 일이란 학생의 과거 행동을 단순히 기록하는 것이 아니다. 훌륭한 선생은 학생의 강점과 약점을 찾아주는 일을 한다. 큰 성과를 내기 위해 앞으로 학생이 해야 할 일과 해서는 안 될 일을 짚어준다. 복기는 바로 이와 같은 역할을 한다. 스스로 자신의 강점과 약점을 파악해서 앞으로 집중해야 할 일을 찾아내도록 한다.

복기로 피드백 분석을 하다 보면 소통의 중요성을 알게 된다. 나와 견해가 다른 상대의 생각을 잘 이해하려면 열린 마음으로 보고 들어야 한다. 소통하지 않으면 많은 것을 배울 수 없고 배우지 않으면 바둑이 늘지 않는다. 특히 상대가 나보다 고수일수록 상대와 소통해야 한다. 고수일수록 상대의 잘잘못과 약점을 보는 눈이 정확하기 때문이다. 나의 잘못과 약점을 지적해주는 비판적 평가를 받아들이면 바둑 실력이 나날이 더욱 발전한다.

자신에 대한 비판적 평가를 받아들이는 일은 쉽지 않다. 그러나 그것을 기꺼이 받아들일 때 얻는 것은 아주 크다. 픽사의 애니메이터들이 날마다 자신의 미완성 작업을 공개하고 비판을 달게 받아 수정하는 것처럼 말이다. 바둑의 복기는 픽사의 애니메이터들처럼 비판적 평가를 잘 받아들일 수 있도록 만들어준다. 비판적 평가를 받아들이고 생각을 바꾸면 바둑이 느는 것을 스스로 확인할 수 있기 때문이다. 복기로 비판적 평가에 단련되고 그 위력을 확실히 느끼면 무슨 일에서든 다른 사람들 평가에 귀를 기울인다. 당 태종처럼 자신의 잘못을 피드백해줄 누군가를 찾게 된다. 더 훌륭한 성과를 내기 위해, 자신의 잘못과 부족한 점이 낱낱이 해부 되기를 강렬하게 원하게 된다.

토론의 위력을 알게 된다

복기 과정에서 승자와 패자는 토론을 한다. 대국을 되돌아보며 의견을 제시하고 서로 생각을 나눈다. 토론 속에서 배우고, 토론 속에서 아이디어를 얻는다.

2004년, 중국의 춘란배에서 우승한 이창호가 호텔에서 쉬고 있을 때였다. 결승 상대였던 후야오위胡耀宇가 여러 명의 젊은 기사들과 함께 찾아와 다시 한 번 복기를 해달라고 부탁했다. 이에 이창호는 기꺼이 응해 새벽까지 중국 기사들의 질문에 대답하고 토론했다. 이창호가 복기 요청에 두말없이 응한 까닭은 그 과정을 통해 승자인 자신도 많이 배우기 때문이다. 승리한 바둑을 복기하면 패자에게도 승리의 기회가 있었음을 알게 된다. 자신의 승리가 상대의 실수에서 얻어진 것이라는 것을 깨달으면 겸손해진다.

둘만의 복기가 아니라 여러 명이 참가하는 집단 복기에서는 패자와 승자 모두 훨씬 많은 것을 배울 수 있다. 집단 복기는 집단 토론과 같다. 참가하는 사람마다 질문이 다르고 답도 다르다. 똑같은 상황을 두고 그들은 서로 달리 진단하고 다른 대안을 제시한다. 그들은 그것에 대해 각각 반론을 펴고 답을 찾아 나선다. 미국 항공우주국 NASA의 아폴로 13호 팀이 문제의 해결책을 빨리 찾아낼 수 있었던 이유를 떠올려보라. 집단 복기, 집단 토론은 다양한 아이디어에 접근할 수 있는 장이다. 가보지 못했던 미지의 영역을 배우고 탐색할 기회가 훨씬 많아진다.

어느 날 조훈현에게 중국 출신의 루이나이웨이芮乃偉가 이미 검증된 정석定石의 타당성을 의심하며 물었다. "이 정석에서 돌의 순서를 바꾸면 어떻게 전개될까요?" 갑작스러운 질문에 조훈현은 답이 떠오르지 않았다. 그래서 이창호를 비롯한 여러 젊은 기사들과 함께 루이나이웨이의 질문에 관해 토론했다. 처음에는 루이나이웨이의 주장이 힘을 얻는 듯했다. 하지만 한참 동안 벌인 토론 뒤에, 그 정석의 원래 수순이 최선이라는 것이 밝혀졌다. 그런데 그걸 증명하는 과정에서 이창호는 아무도 생각하지 못한 새로운 수를 찾아냈다.

토론의 과정에서 새로운 수를 찾아내는 창조의 힘, 그 힘은 어디서 나오는 것일까? 토론하다 보면 나와 다른 견해를 알게 된다. 다른 사람의 생각을 이해하면 다른 관점에서 바둑을 볼 수 있다. 무엇보다도 상대의 관점에서 문제를 볼 수 있다. 상대 입장에서 문제를 파악하는 습관은 승리와 혁신의 핵심 조건이다. 상대 입장에서 문제를 파악하지 못해 패배하는 경우가 많기 때문이다. 상대 입장에서 나를 보면 상대의 생각 방식을 배울 수 있다. 상대 관점에서 승패의 원인을 분석하면 보다 객관적으로 나의 강점과 약점을 파악할 수 있다. 그런 의미에서 집단 토론장은 대국자인 나를 위한 실험학교이며 맞춤학교다. 토론의 주요 쟁점이 대국자인 나와 상대가 선택했던 수이고 나와 상대의 생각 방식이기 때문이다.

상대의 관점과 생각 방식을 배우면 나의 선입관이 깨진다. 선입관이 무너지면 시야가 더 넓어지고, 과거와 다른 새로운 차원의 바둑을 둘 수 있다. 고정된 생각의 틀에서 벗어나면 새로운 세계가 열린다. 지금까지 생각하지 못했던, 가보지 못한 길이 보인다. 호기심이 생기고 새로운 길을 탐색하게 된다. 새로운 길을 탐색하다 보면 창조에 집중하는 힘이 생긴다. 지금까지 생각하지 못했던 새로운 수가 창조된다.

복기를 통해 피드백과 토론의 위력을 알면 어떤 문제 앞에서 혼자 해결하려는 무모하고 어리석은 짓을 하지 않는다. 혼자보다는 둘, 둘보다는 여럿이 생각을 함께한다. 토론하고 피드백할 때 보다 올바른 해결점을 찾을 수 있다는 것을 경험으로 알기 때문이다. 피드백과 토론의 위력을 체험한 사람은 새로운 기회를 탐색하고 새로운 대안을 시도한다. 고정된 생각의 틀에서 벗어나 창조적으로 생각한다.

참고
문헌

제1장

1. 고보리小堀啓爾(1994), 조치훈 걸작선, 도서출판 아진, p. 128

2. 고란 기자, 뚱뚱한 손님 차별하던 아베크롬비의 인과응보, 중앙일보, 2015-06-02

3. 서성범 기자, [광고 톡!톡!] "헐벗은 몸짱모델 나가!" 헤럴드경제, 2015-04-27

4. 차동엽(2012), 무지개 원리, 국일미디어, pp. 67-68

5. 이창호(2011), 부득탐승, 라이프맵, p. 41, p. 84

6. Acemoglu Daron and J. A. Robinson, 최완규 옮김(2013), 국가는 왜 실패하는가, 시공사 pp. 177-178

7. Covey Stephen R., The 7 Habits of Highly Effective People, Simon & Schuster, p. 41

8. Drucker, Peter, 이재규 옮김(2005), 변화 리더의 조건, 청림출판, pp. 86-87

9. Drucker, Peter, 이재규 옮김(2005), 이노베이터의 조건, 청림출판, pp. 113-134

10. Elinor Ostrom, 윤홍근·안도경 옮김(2010), 공유의 비극을 넘어, 랜덤하우스코리아, p. 50

11. Girard, Joe, 김명철 옮김(2012), 누구에게나 최고의 하루가 있다, 다산북스, p. 21, pp. 90-91

12. Walter Isaacson, 안진환 옮김(2011), 스티브 잡스, 민음사, p. 116, p. 165

제2장

1. 고종석(2003), 히스토리아, 마음산책, p. 338

2. 세계브랜드백과; 도브/ 인터브랜드 / http://terms.naver.com/

3. Acemoglu Daron and James A Robinson, 최완규 옮김(2013), 국가는 왜 실패하는가, 시공사, p. 85

4. Bernstein Robert Root and Bernstein M. R.(2001), Sparks of Genius, Mariner Books, p. 110

5. Chozick, Amy, "As Young Lose Interest in Cars, G.M. Turns to MTV for Help," New York Times March 22 2012.

6. Collins Jim and Jerry I. Porras(1994), Built to Last, Harper, p. 18

7. Darwin Charles Robert, 송철용 옮김(2014), 종의 기원, 동서문화사, p. 22, p. 31, pp. 85-86

8. Drucker, Peter, 이재규 옮김(2000), 프로페셔널의 조건, 한국경제신문, p. 354.

9. Drucker, Peter, 이재규 옮김(2004), 기업가정신, p. 290, p. 301

10. Drucker, Peter, 이재규 옮김(1993), 자본주의 이후의 사회 Post-Capitalist Society, 한국경제신문, p. 59

11. Rifkin, J. 안진환 옮김(2014), 한계비용 제로 사회, 민음사, pp. 366-367

12. Schmitt Bernd, H. 권영설 옮김(2014), 빅씽크 전략, 세종서적, pp. 34~36, p. 201

13. Thurow Lester C., Building Wealth, Harper Collins, p. 22

14. Warsh David(2006), Knowledge and the Wealth of Nations, Norton, pp. 296-297

제3장

1. 김성래(2002), 한국바둑 왜 강한가, 다산출판사, p. 242

2. 남윤선, 한국경제신문, 상식 깨버린 후지필름…'죽은 사업' 필름에서 미래를 만든다, 2015-03-30 A5면

3. 노벨재단 엮음, 유영숙 외 옮김(2007), 당신에게 노벨상을 수여합니다 - 노벨 생리·의학상, 바다출판사, pp. 234-235

4. 張燕, 김신호 옮김(2014), 알리바바 마윈의 12가지 인생강의, 매일경제신문사, p. 136

5. 주경철(2013), 크리스토퍼 콜럼버스, 서울대학교출판문화원, p. 21 , p. 30, pp. 73-74, p.139

6. Chang, Ha-Joon(2009), 김희정·안세민 옮김(2010), 그들이 말하지 않는 23가지, 부키, pp. 64-65

7. Columbus C., 이종훈 옮김(2004), 콜럼버스 항해록, 서해문집, p. 18

8. Drucker, Peter, 이재규 옮김(2004), 기업가정신, 한국경제신문, p. 183

9. Drucker, Peter, 권영설·전미옥 옮김(2006), 피터 드러커의 위대한 혁신, 한국경제신문, pp. 49-50, p. 89

10. Drucker, Peter, 이재규 옮김(1993), 자본주의 이후의 사회, 한국경제신문, p. 280

11. Drucker, Peter, 이재규 옮김(2002), 피터드러커 미래경영, 청림출판, p. 64

12. Friedman Thomas, 김상철·이윤섭·최정임 옮김(2006), 세계는 평평하다, 창해 pp. 14-15

13. Gerstner Louis V. Jr, 이무열 옮김(2003), 코끼리를 춤추게 하라, 북@북스, pp. 164-171

14. Hermann Simon, 이미옥 옮김(2007), 히든 챔피언, 흐름출판, p. 123

15. Marden Orison S., 박정숙 옮김(2002), 하고 싶은 일을 하라, 다리미디어, pp. 285-287

16. Vance Ashlee, 안기순 옮김(2015), 일론 머스크, 미래의 설계자, 김영사, p. 97, pp. 133-140

17. Varian Hal, R.,(2010), Intermediate Microeconomics, Norton 8th ed. Norton, pp. 737-738

18. Walter Isaacson(2011), 안진환 옮김(2011), 스티브 잡스, 민음사, pp. 599-603, p. 607, p. 621

제4장

1. 大竹英雄, 조상연 펴냄(1993), 공방의 감각, 아진, p. 139

2. 오연호(2015), 우리도 행복할 수 있을까, 오마이북, p. 45

3. 이창호(2011), 부득탐승, 라이프맵, p. 175

4. 조영호·서형도(2008), 가슴을 뛰게 하는 비즈니스 명장면 23, 명진출판사, p. 79

5. 조훈현 (2015), 조훈현, 고수의 생각법, 인플루엔셜, p. 42, p. 172

6. 張笑恒, 이정은 옮김(2015), 마윈처럼 생각하라, 갈대상자, p. 159, p. 181

7. 曹義, 황보경 옮김(2009), 당태종 읽는 CEO, 21세기북스, p. 162, pp. 184-188

8. 왕연중(2009), 세계적 특허발명 이야기2, 세창미디어, p. 103

9. Catmull Ed, 윤태경 옮김(2014), 창의성을 지휘하라, 와이즈베리, pp. 264-267

10. Collins Jim and Jerry I. Porras,(1994), Built to Last, Harper. p. 148, p. 150, p. 160, p. 206

11. Covey Steven R., 김경섭 옮김(2005), 성공하는 사람들의 8번째 습관, 김영사, pp. 248-249

12. Drucker F. Peter, 권영설·전미옥 옮김(2006), 피터 드러커의 위대한 혁신, 한국경제신문, p. 30

13. Drucker F. Peter, 이재규 옮김(2000), 프로페셔널의 조건, 청림출판, pp. 160-161

14. Fishman Charls, 이미정 옮김(2011), 월마트 이펙트, 이상, pp. 53~59

15. Lowe Janet (1998), Bill Gates Speaks, John Wiley & Sons, Inc. p. 121

16. Manz Charles, C., 이경재·서성태 옮김(2002), 실패의 힘, p. 37

17. Marden Orison S., 박정숙 옮김(2002), 하고 싶은 일을 하라, 다리미디어, p. 271

18. Roberto Michael A., et al(2006), Columbia's Final Mission, Harvard Business School Case Study, p. 33

19. Rosenstein Bruce, 피터 드러커 소사이어티 옮김(2013), 피터 드러커를 공부하는 사람들을 위하여, 디자인하우스, p. 85

20. Senor Dan and Saul Singer, 윤종록 옮김(2010), 창업국가, 다리미디어, pp. 124-126

21. Studer Quint, 김원호 옮김(2008), 리더십 데이터에서 찾아라, 비즈니스맵, p. 283

위기를 기회로 바꾸는 생각습관

판을 읽어라

초판 1쇄 발행·2016년 6월 1일
초판 3쇄 발행·2016년 8월 1일

지은이·신봉호, 박장희
펴낸이·이종문(李從聞)
펴낸곳·국일미디어

등록 제406-2005-000025호
주소·경기도 파주시 광인사길 121 파주출판문화정보산업단지(문발동)
영업부·Tel 031)955-6050 | Fax 031)955-6051
편집부·Tel 031)955-6070 | Fax 031)955-6071

평생전화번호·0502-237-9101~3

홈페이지·www.ekugil.com
블로그·blog.naver.com/kugilmedia
페이스북·www.facebook.com/kugillife
E-mail·kugil@ekugil.com

• 값은 표지 뒷면에 표기되어 있습니다.
• 잘못된 책은 구입하신 서점에서 바꿔드립니다.

ISBN 978-89-7425-627-2(03190)